Bernhard Gahm

FLEISCH PÖKELN UND RÄUCHERN

VON SCHINKEN BIS SPARERIBS

Inhaltsverzeichnis

Vorwort

Rohpökelwaren waren ursprünglich ein Lebensmittelerzeugnis der Bauern und somit ein wichtiges Produkt für die Menschen, die auf dem Land lebten. Da die Bauern nur wenige Male im Jahr schlachteten, mussten sie Produkte herstellen, die für längere Zeit haltbar waren. Und somit bedienten sie sich der Konservierungstechniken, für die nur einfache Zutaten und Geräte erforderlich waren: Salzen, Pökeln und Räuchern.

In den Fleischereien wurde dagegen jede Woche geschlachtet und somit „frische Ware“ produziert, die aber nur für den Sofortverzehr geeignet war. Damals gehörten die Rohpökelwaren noch nicht zu deren Sortiment. Heutzutage haben Fleischereien aber auch ein sehr breites Angebot an gepökelten und/oder geräucherten Erzeugnissen.

In meinen Büchern „Hausschlachten“ und „Würste, Sülzen und Pasteten“ – beide erschienen beim Verlag Eugen Ulmer – habe ich schon ansatzweise die Herstellung der durch Räuchern und Pökeln haltbar gemachten Produkte beschrieben.

Aufgrund der großen Nachfrage wurde der Wunsch vom Verlag an mich herangetragen, ein Werk zu verfassen, das sich ausschließlich mit dieser Materie befasst. Dem Rezeptteil wurde besondere Aufmerksamkeit, auch in Form von Bildmaterial, gewidmet.

Ich hoffe, dass es mir gelungen ist, ein Buch für den Praktiker zu schreiben, mit dem der Laie umgehen kann und das ihm dieses wunderbare Hobby näher bringt. Andererseits darf aber auch der anspruchsvolle Leser, der sich schon mit dem Thema befasst hat oder das Pökeln und Räuchern professionell umsetzen möchte, in diesem Buch nicht zu kurz kommen. Er findet hier detaillierte Informationen und die richtige Anleitung für die verschiedenen Methoden, zahlreiche praktische Hinweise und Tipps und vor allem eine Fülle von Rezepten, die sich alle bewährt haben und mit relativ wenig Aufwand umsetzbar sind.

Ich danke an dieser Stelle dem Verlag Eugen Ulmer und meinem Fotografen Fridhelm Volk für die nunmehr zwanzigjährige, jederzeit kooperative und konstruktive Zusammenarbeit. Weiterhin bin ich sämtlichen Behörden, Institutionen und Firmen für die freundschaftliche Unterstützung zu Dank verpflichtet. An dieser Stelle sei auch meiner Familie gedankt, die es mir immer wieder ermöglicht hat, einen Freiraum für diese Tätigkeit zu finden und mich auch beim Arbeiten unterstützt hat.

Liebe Leser, haben Sie viel Freude beim Anschauen und Lesen dieses Buches und natürlich viel Erfolg bei der Umsetzung.

Bernhard Gahm

Allgemeines

Die Geschichte des Salzens und Räucherns

Früher war auf dem Land ein Großteil der Bevölkerung Selbstversorger, denn es gab kaum Möglichkeiten, Geld zu verdienen. Die selbst gemästeten Schweine wurden in den Wintermonaten geschlachtet, da damals keine Kühl- und Gefriermöglichkeiten gab. In den Sommermonaten wäre die Ware somit schlicht und einfach verdorben.

Früher erfolgte das Hausschlachten auf dem Land in den Wintermonaten.

Nun war es zum einen wichtig, gute Produkte herzustellen. Dafür war der Metzger zuständig. Zum anderen war es aber mindestens genauso wichtig, diese Produkte zu konservieren. Dafür war meist das Wissen der Hausfrau gefragt. Man denke nur daran, dass es auch das Einkochen erst seit etwa 1900 gibt.

So waren Salzen und Räuchern fast die einzigen Möglichkeiten, Fleisch- und Wurstwaren zu konservieren. Bratwürste konnten so nur für den Frischverzehr hergestellt werden.

Fleischteile wie Stücke vom Schweinerücken (Kotelett) wurden in Schweineschmalz gegossen. So konnte keine Luft an das Fleisch gelangen. Die Kochwürste wurden kalt geräuchert und somit haltbar gemacht. Gute Hausschlachter stellten damals auch Hartwürste (Salami) her, ebenso wie Schinken und Rauchfleisch. Die fetteren Partien vom Schweinebauch wurden vor dem Verzehr in der Regel abgekocht und dann warm oder auch kalt verzehrt.

Für die Aufbewahrung war in jedem Haushalt ein Fleischschrank vorhanden. In diesem Schrank waren viele Ausschnitte mit Fliegengitter versehen. So konnte die Luft zirkulieren, die Fliegen aber nicht ans Fleisch. Das restliche Fleisch und die Knochen wurden in Ton- oder Holzbehältern eingesalzen, in der Regel durch Nasspökelung. Vor dem Verzehr wurde dieses Fleisch abgekocht oder angebraten.

Warum selbst salzen und räuchern?

Die Gründe hierfür sind sehr unterschiedlich. Ursprünglich war der Hauptgrund wirklich die Selbstversorgung. Die Familie musste ernährt werden und durch das Salzen und Räuchern war es möglich, Fleischerzeugnisse zu konservieren. Durch die Selbstherstellung wurde natürlich auch Geld gespart, das damals ohnehin sehr knapp war.

Bei der Herstellung von größeren Mengen spielt die Kosteneinsparung auch heute noch eine wichtige Rolle. Das liegt einfach daran, dass zur Schinkenherstellung meistens Edelteile der Tiere verwendet werden und der Arbeitsaufwand relativ hoch ist. Somit hat das Endprodukt natürlich auch seinen Preis.

Für den Hobbytierhalter oder Jäger ist die Verwertung der Tiere auch oft ein Grund für die Haltbarmachung. Denn vor allem das Fleisch von älteren Tieren kann nur noch billig abgegeben werden beziehungsweise findet häufig gar keinen Abnehmer. Das trifft zum Beispiel für alte Schafe oder Wildschweine zu. Zur Gewinnung von Rohschinken eignen sich diese älteren Tiere dagegen besser als junge. Und so kann durch Salzen und Räuchern ein hervorragender Schinken hergestellt werden.

Der gesundheitsbewusste Ernährer hat bei der Eigenherstellung außerdem die Möglichkeit, Lebensmittel mit hochwertiger Qualität zu produzieren. Viele lehnen einfach einen Kauf im Supermarkt ab. Sie ziehen es vor, das Fleisch von eigenen Tieren zu verwerten, da man genau weiß, wie die Tiere gehalten und gefüttert wurden und dadurch hochwertiges Fleisch garantiert ist. Aber auch beim Kauf einzelner Fleischteile kann man sich eine Person des Vertrauens wie einen Bauer mit Direktvermarktung oder einen Metzger aus der Region auswählen.

Schon mit einfachen Mitteln, wie hier einem umfunktionierten Gartengrill, kann heißgeräuchert werden.

Ein weiterer Vorteil der Eigenherstellung ist die Tatsache, dass man selbst bestimmen kann, welche Stoffe bei der Verarbeitung verwendet werden. Denn heutzutage treten immer mehr Lebensmittelallergien auf wie zum Beispiel gegen Glutamat oder andere Zusatzstoffe. Bei der Selbstherstellung kann somit gezielt auf die Zugabe solcher Stoffe verzichtet werden.

Nicht zuletzt kommt natürlich der Hobbyproduzent auf seine Kosten. Dieses Hobby ist vielleicht nicht alltäglich, aber ein toller Ausgleich zum Alltagsstress. Außerdem ist es finanziell wirklich erschwinglich. Vor allem am Anfang kann schon mit wenigen Mitteln etwas „Wunderbares" hergestellt werden.

Schließlich handelt es sich hierbei um ein sehr sinnvolles Hobby. Mit dem Selbstgemachten bereichert man den Speiseplan in der eigenen Familie, hat immer einen gewissen Vorrat im Haus und spart dabei außerdem noch Geld.

Ist man mit der Materie einmal etwas mehr vertraut, kann man noch einen Schritt weiter gehen, indem man Verwandten, Freunden oder Arbeitskollegen zu bestimmten Anlässen ein ganz besonderes Präsent überreicht.

Werkzeuge und Geräte

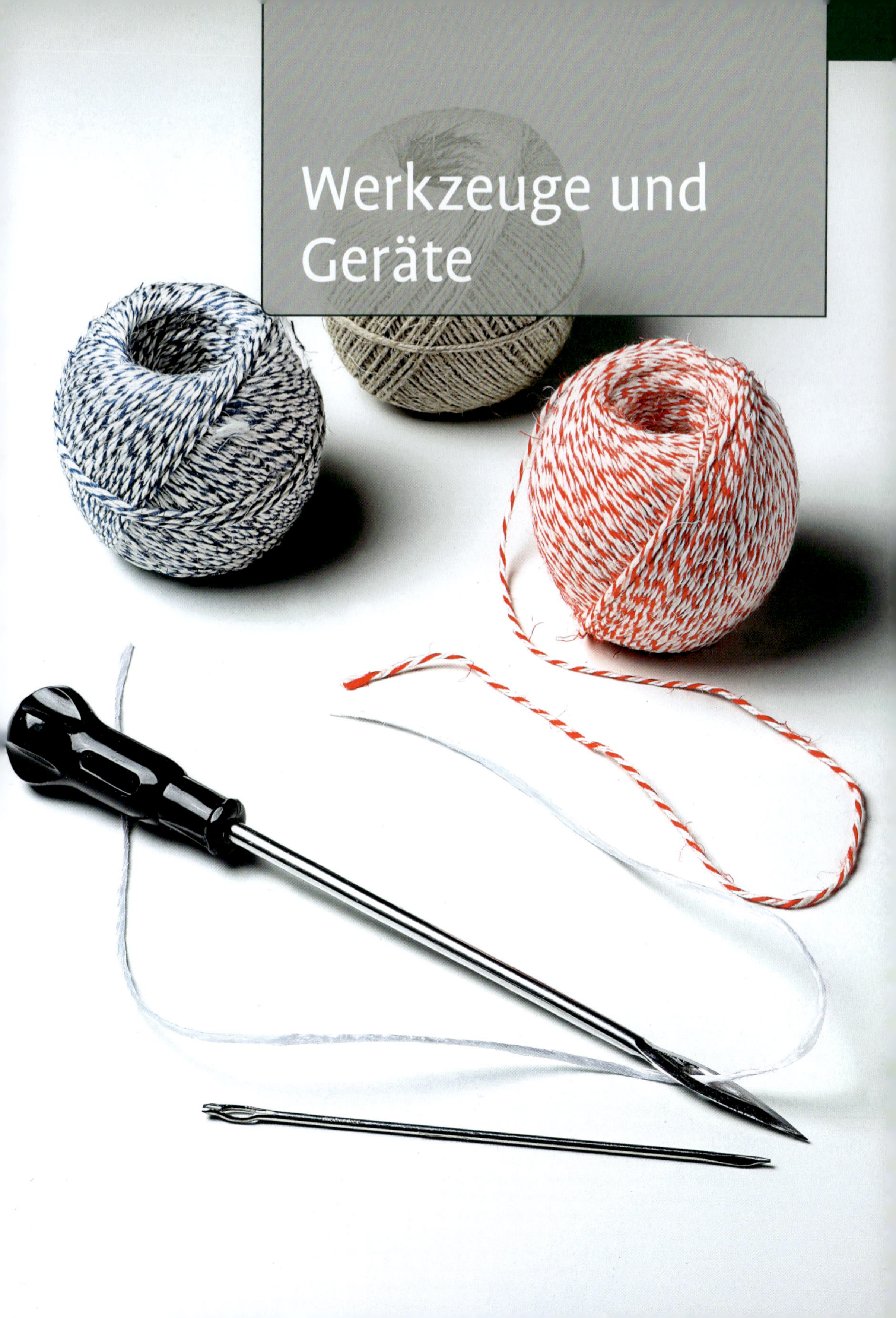

Für die Fleischbearbeitung

Für die Herstellung von Fleischwaren benötigt man bestimmte Geräte und Werkzeuge. Die Grundausstattung dafür hat aber fast jeder in seiner Küche, sodass viele Rezepte ohne zusätzliche Investition zubereitet werden können. Hat man am Pökeln und Räuchern erst mal seine Leidenschaft entdeckt und will dieses Hobby ausbauen, kann man sich nach und nach weiteres Zubehör anschaffen.

Messer

Wird nicht bereits „zugeschnittenes" Fleisch weiterverarbeitet, gehören Messer zur Grundausstattung bei der Fleischbearbeitung. Je nach Verwendungszweck werden unterschiedliche Messer benötigt.

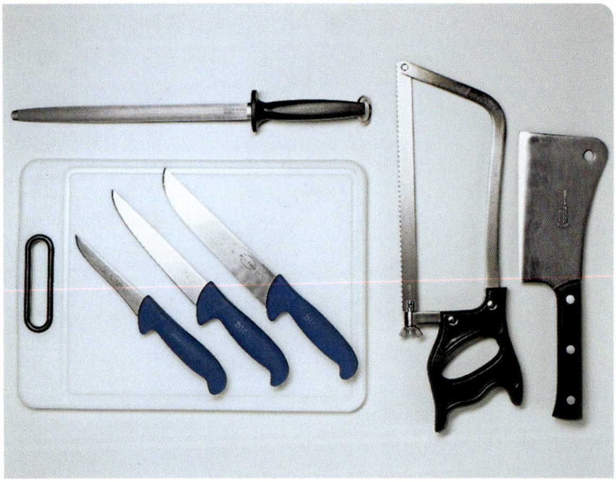

Die wichtigsten Werkzeuge für die Fleischbearbeitung sind verschiedene Messer, Wetzstahl, Schneidbrett, Knochensäge und Fleischerbeil.

Ausbeinmesser

Wird noch selbst geschlachtet oder werden ganze Fleischteile wie Schlegel gekauft, benötigt man zum Entfernen der Knochen ein Ausbeinmesser. Dies ist ein spitzes Messer mit einer etwa 10 cm langen, schmalen Klinge.

Stechmesser

Zum Zuschneiden der Fleischteile eignet sich am besten ein sogenanntes Stechmesser. Es ist länger und breiter als ein Ausbeinmesser, aber ebenfalls spitz. Das Stechmesser wird auch zur Blutentziehung bei Schweinen (Abstechen) gebraucht, daher der Name.

Fleischmesser

Ein Fleischmesser kommt beim Zuschneiden größerer Fleischteile, aber auch beim Aufschneiden des Schinkens zum Einsatz. Die Klinge hat eine Länge von 20 bis 30 cm und ist relativ breit. Das Messer sollte in jedem Fall länger sein als das Fleischteil, welches durchtrennt wird.

Wetzstahl

Der Wetzstahl ist ein etwa 30 cm langes Werkzeug, das oval oder rund sein kann, mit einem Griff. Man sollte es sich zur Angewohnheit machen, das Messer während der Arbeit öfter am Wetzstahl kurz abzuziehen. Hierfür genügen vier bis fünf leichte Striche mit der Schneide über den Stahl (so bezeichnet man den Wetzstahl in der Umgangssprache). Das

Die zehn wichtigsten Tipps zum Schärfen eines Messers

Beim Schärfen werden zwei Arbeitsschritte unterschieden: das Schleifen und das Abziehen. Zum Schleifen und Abziehen gibt es verschiedene Handschleif- beziehungsweise -abziehsteine sowie elektrische Geräte, mit denen man trocken oder nass arbeiten kann. Sie sind aus Naturstein, Kunststein oder auf Diamantbasis.

Hier die wichtigsten Regeln:

1. Beim Schleifen muss ein Winkel von etwa 15 bis 25 Grad eingehalten werden.
2. Der Winkel soll bei jedem erneuten Schleifvorgang derselbe sein, da sonst zu viel Material am Messer abgetragen wird.
3. Nassschleifen ist besser als Trockenschleifen, vor allem bei elektrisch betriebenen Geräten, da durch das Wasser die Messerschneide gekühlt wird.
4. Beim Trockenschleifen muss sehr darauf geachtet werden, dass die Schneide nicht „verbrennt“ (sich zu stark erwärmt). Deshalb sollte beim Schleifvorgang das Elektrogerät mit niedriger Drehzahl laufen und die Körnung der Scheibe darf nicht zu grob sein. Zudem muss man die Schneide immer zügig über die Schleifscheibe ziehen.
5. Am Ende des Schleifvorgangs muss an der Schneide immer ein Grat sein, den man sehen beziehungsweise mit der Hand spüren kann.
6. Nun wird mit einem etwas gröberen Stein durch Hin- und Herschleifen in Längsrichtung die Schneide abgerichtet.
7. Der Feinschliff („Abziehen“) erfolgt nun mit einem feinen Stein, zum Beispiel einem „belgischen Brocken“, durch kreisende Bewegungen. Der oben beschriebene Grat muss vollkommen abgeschliffen werden. Hierfür kann man auch einen feinen Diamantstein verwenden. Dies ist beim Schärfen wohl der komplizierteste Vorgang. Hier ist Fingerspitzengefühl gefragt.
8. Wird zu lange abgezogen, wird das Messer wieder stumpf und man muss den kompletten Schleifvorgang wiederholen.
9. Wenn vorhanden, gibt man mit einer Polierscheibe, die in der Regel aus Leder oder Filz besteht, dem Messer den „letzten Schliff“. Durch das Polieren wird die Schneide geglättet.
10. Ein scharfes Messer erkennt man daran, dass es richtig „zieht“, wenn man mit der Schneide ganz sachte über den Fingernagel fährt. Aber Vorsicht: Verletzungsgefahr!

Heutzutage werden im Fachhandel Profigeräte zum Messerschärfen angeboten. Beim Schleifen und Abziehen ist der Winkel am Gerät genau eingestellt. Ebenso ist eine Lederscheibe zum Glätten angebracht. So ein Gerät ist zwar nicht ganz billig, aber damit kann jeder Messer schärfen. Man kann sich so ein Gerät ja zusammen mit Freunden und Bekannten anschaffen, sodass alle Beteiligten davon profitieren, denn scharfe Messer sollte es in jeder Küche geben.

Vom Schreiner in der Nachbarschaft kann man in Sachen Messerschärfen profitieren.

In einem Gerät: Schleifen, Abziehen und Polieren (Firma Dick).

Messer wird dabei leicht angewinkelt gehalten. Auf keinen Fall darf mit der Schneide auf dem Wetzstahl gehackt werden, denn dadurch würde sie stumpf werden. Das Gleiche gilt für zu langes Wetzen.

Es ist sehr wichtig, immer mit scharfen Messern zu arbeiten. Nur so können die erforderlichen Schnitte exakt durchgeführt werden.

Profis verwenden heutzutage zum Abziehen meistens ein Spezialgerät, bei dem das Messer durch zwei Drähte gezogen wird, wobei der Winkel vorgegeben ist. Die Firma Dick bietet diese Spezialgeräte unter den Bezeichnungen „Rapid Steel“ und „Master Steel“ an.

Rechte Seite: Zum Zerhacken von Knochen ist ein stabiler Hackklotz nötig.

Schneidebretter

Aus hygienischen Gründen ist man dazu übergegangen, Schneidebretter aus Kunststoff statt Holzbretter zu verwenden. Sie lassen sich wesentlich gründlicher reinigen und haben außerdem den Vorteil, dass sie, wenn man sie nicht so oft verwendet, nicht anlaufen (schimmeln), was bei Holzbrettern oft der Fall ist.

Bei Schneidebrettern gibt es verschiedene Größen. Außerdem werden Kunststoffbretter auch mit Saugnäpfen

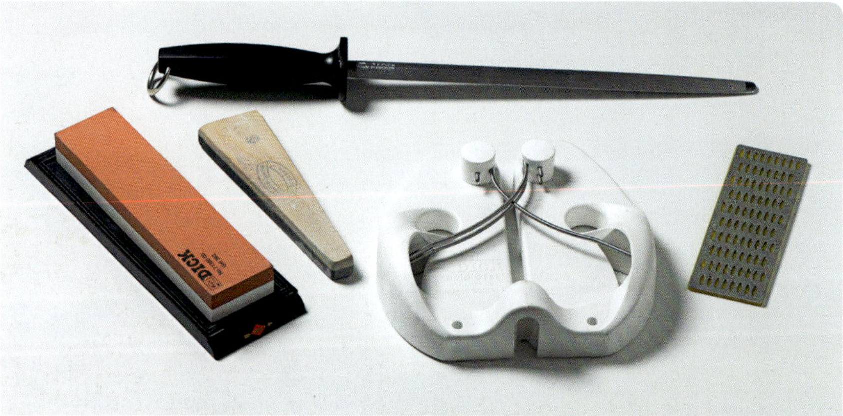

Verschiedene Schärfgeräte: Kunststein, Belgischer Brocken, Rapid Steel, Diamantstein, (hinten) Wetzstahl.

auf der Unterseite angeboten. Das hat den Vorteil, dass sie auf dem Untergrund fixiert werden können und während der Arbeit nicht wegrutschen. Dadurch werden Unfälle vermieden. Man kann sich aber auch behelfen, indem man einen Spüllappen anfeuchtet und unter das Brett legt. Größere Bretter sind außerdem mit einer sogenannten Fleischsaftrinne an den Rändern erhältlich. Diese verhindert, dass der während der Arbeit austretende Fleischsaft auf den Tisch oder Boden läuft.

Hackklotz

Werden Knochen gehackt, benötigt man einen Hackklotz. Dieser ist aus Buchenholzwürfeln verleimt. Bei der Hausschlachtung wurde früher hierfür ausschließlich ein zugeschnittener Baumstumpf aus Eichenholz verwendet. Damit kann man sich auch heute noch gut behelfen.

Ein Hackklotz sollte nicht abgewaschen werden, da er durch das Eindringen von Wasser Risse bekommt. Er wird nur abgekratzt.

Fleischerbeil und Knochensäge

Werden Fleischteile mit Knochen eingesalzen, benötigt man zum Zerkleinern ein Fleischerbeil, auch Spalter genannt, und/oder eine Handknochensäge. Rippchen sowie auch kleinere Knochen werden in der Regel gehackt. Rohrknochen sollten gesägt werden, da diese beim Zerhacken sonst splittern.

Aufschnittmaschine

Dieses Gerät hat mit der direkten Herstellung von Schinken überhaupt nichts zu tun. Der letzte Arbeitsgang bei der Bearbeitung der Endprodukte ist aber tatsächlich das Aufschneiden in feine Scheiben. Denn nur hauchdünn aufgeschnittener Schinken beweist eine gute Qualität. Das gilt nicht nur für sämtliche Rohschinken, sondern auch für Kochschinken.

Wird viel Schinken aufgeschnitten, weil man zum Beispiel öfter Gäste bewirten möchte, lohnt es sich, ein Profigerät anzuschaffen. Die Maschine muss in der Lage sein, gleichmäßig dünne Scheiben zu schneiden. Dabei sollte die Einstellung leicht und exakt möglich sein. Das beste Gerät taugt aber nichts, wenn das Messer der Maschine stumpf ist.

Aufschnittmaschinen werden in verschiedenen Größen angeboten. Wichtig ist, dass der Schinken von der Maschine erfasst werden kann, das heißt, bei großen Fleischteilen muss das Messer einen entsprechenden Durchmesser haben. Gute Brotschneidemaschinen können die Aufgabe auch erfüllen, wenn das passende Messer zur Ausstattung gehört.

Zum Pökeln

Pökelgefäße

Pökelgefäße gehören zur Grundausstattung für die Herstellung von Schinken, egal in welcher Art. Sie werden sowohl für die Trocken-, die Nass- als auch die Schnellpökelung benötigt.

Früher wurden hierfür ausschließlich Holz- und Tongefäße verwendet. Holzgefäße waren in der Regel aus Eichenholz hergestellt. Die Gerbsäure im Eichenholz wirkte keimabtötend. Es war trotzdem schwierig, diese Behälter in einem hygienisch einwandfreien Zustand zu halten. Wichtig war es in jedem Fall, sie vor Gebrauch mit kochend heißem Wasser auszuspülen. Die Tongefäße hatten eine glasierte, glatte und somit leicht sauber zu haltende Oberfläche, waren aber sehr schwer und außerdem leicht zerbrechlich.

Heutzutage werden in der Regel ausschließlich Kunststoffgefäße benutzt. Dabei gibt es spezielle Pökelbottiche mit Deckel. Es können aber stattdessen auch Kunststoffschüsseln oder -eimer verwendet werden. Diese Gefäße werden rund oder viereckig angeboten.

Je nach Schinkenform hat jeder Behälter seine Vorteile. Für Lachsschinken und Schweinebauch nimmt man zum Beispiel eher eckige Formen, für Hals am Stück, Nuss und Ähnliches eher runde Behältnisse.

Die Gefäßgröße sollte immer der Fleischmenge, die eingelegt wird, angepasst werden. Je nach Einsalzungsart werden so Hohlräume vermieden, außerdem wird eine gewisse Menge an Lake eingespart. Auf keinen Fall dürfen Pökelgefäße luftdicht verschlossen werden. In jedem Fall müssen auch Kunststoffgefäße vor Gebrauch in einem hygienisch einwandfreien Zustand sein.

Lakemesser

Ein fast nicht wegzudenkendes Hilfsmittel bei der Schinkensalzerei ist der Lakemesser. Mit ihm wird die Konzentration der Salzlösung gemessen. In klarem Wasser sinkt er tief ein und zeigt an der Skala 0 an. Je konzentrierter die Salzlösung ist, desto mehr ragt die Spindel aus dem Wasser. An der Skala kann die Lakestärke dann abgelesen werden. Unten im Messer sind als Gewichtsausgleich Bleikügelchen eingelagert.

Lakespritze

Bei der Schnellpökelung werden die Fleischteile in wenigen Tagen durchgesalzen. Das wäre bei der normalen

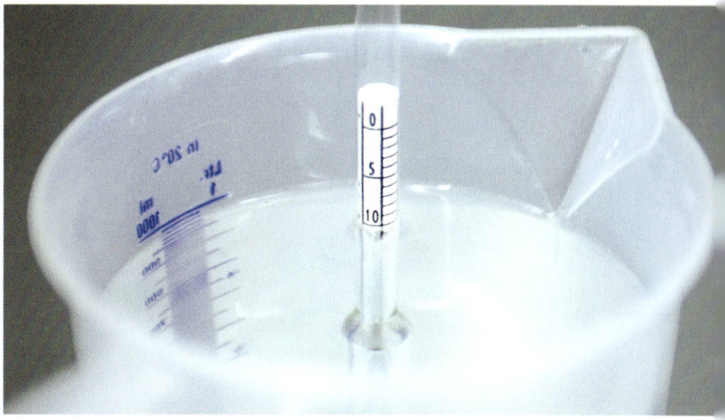

Die Skala am Lakemesser zeigt die Stärke der Lake an.

Nasspökelung nicht möglich. So wird mittels der Lakespritze die Lake in das Innere des Fleischstücks gespritzt.

Die Handspritze sieht aus wie eine große medizinische Spritze. Die Lake wird durch einen Schlauch zunächst in den Zylinder angesaugt und anschließend mit dem Kolben durch die Nadel ins Fleisch gedrückt. Ein Ventil regelt dabei, dass die Lake nicht durch den Schlauch nach außen tritt. Für kleine Fleischmengen ist diese Spritze durchaus ausreichend. Es gibt zudem Spritzen, bei denen durch Anschluss an die Wasserleitung Druck erzeugt wird und somit die Lake ins Fleisch gepresst wird. Außerdem gibt es Geräte, bei denen der Druck elektrisch erzeugt wird.

In Großbetrieben geschieht das Ganze durch Pökelautomaten. Dabei wird das Fleisch auf einem Transportband durch eine Nadelschleuse befördert. Hierbei ist ein sehr gleichmäßiges Pökeln gewährleistet.

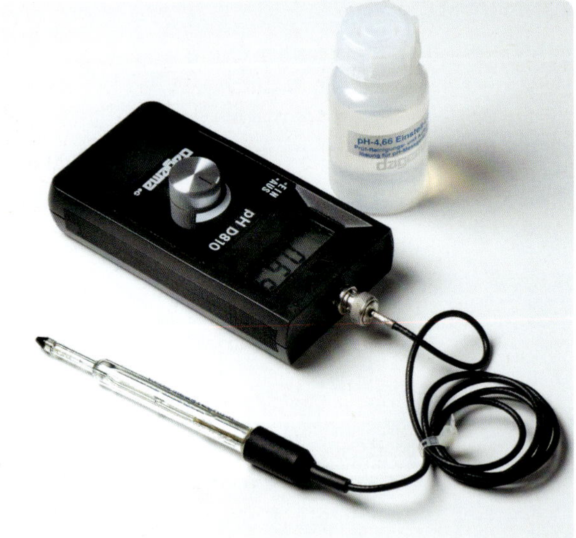

Zum Ermitteln des pH-Wertes gibt es spezielle Messgeräte.

pH-Wert-Messgerät

In diesem Buch wird an verschiedenen Stellen auf den pH-Wert des Fleisches eingegangen. Wer viel Schinken herstellt und bei der Herstellung auf der sicheren Seite sein möchte, muss den pH-Wert messen. Schnell und genau kann dies mit einem elektronischen Gerät erfolgen. Mit einem Fühler wird der pH-Wert gemessen und an einer Digitalanzeige abgelesen. Durch die Messung bleibt man dann vor bösen Überraschungen bewahrt.

An dieser Stelle sei darauf hingewiesen, dass diese Geräte hochempfindlich sind. Daher sollte man beim Umgang und bei der Aufbewahrung Sorgfalt walten lassen.

Eine einfachere Möglichkeit, den pH-Wert zu messen, ist die Verwendung von Lackmuspapier. Dabei handelt es sich um Papierstreifen, die mit Lackmustinktur getränkt sind. Die Farbe des Lackmuspapiers ist abhängig vom pH-Wert. Somit kann man anhand der Farbe, die der Papierstreifen annimmt, den pH-Wert bestimmen.

Zum Räuchern

Geräte zum Aufhängen der Fleischteile

Das Aufhängen der Fleischteile ist vor allem bei den Rohwaren sehr wichtig. Sie werden oft schon beim Durchbrennen, in jedem Fall aber beim Räuchern und Nachreifen aufgehängt. Aber auch Kochpökelware wird zum Räuchern aufgehängt. Es gilt auch hier einiges zu beachten, damit die Teile nicht herabfallen und somit ungenießbar werden.

Räucherstöcke

In einem Räucherschrank werden die Fleischteile an Stöcken aufgehängt. Hierfür können ausgediente Besenstiele auf eine entsprechende Länge zurechtgesägt werden. Ebenso sind gerade Haselnussruten, die entsprechend gekürzt werden, geeignet. Die Länge sollte sich immer nach der Größe des Räucherschranks richten. Die Stärke der Räucherstöcke ist abhängig von der Länge beziehungsweise dem Gewicht der Ware, die darauf gehängt wird. Wird viel geräuchert, sollten Aluminiumstäbe mit einem Y-Querschnitt verwendet werden. Diese können leicht gereinigt werden und sind stabil.

Fleischhaken

Beim Heißräuchern muss das Fleisch mit Haken an die Stöcke gehängt werden, denn ein Bindfaden würde verschmoren und das Räuchergut würde ins Feuer fallen. In Fleischereien werden hierfür nur noch Fleischhaken aus Edelstahl verwendet. Aus Hygienegründen sollte sich auch jeder, der das Räuchern hobbymäßig betreibt, für Edelstahlhaken entscheiden.

Schnur, Nadel, Ahle

Zum Durchbrennen, Kalträuchern und zum Nachreifen der Rohschinken genügt es, Fleisch mit Wurstgarn oder einer Nylonschnur aufzuhängen. Je schwerer das Fleischteil ist, umso dicker muss die Schnur sein. Ist die Schnur zu dünn, reißt sie ab. Zudem schneidet sie häufig das Fleischteil durch (vor allem beim Lachsschinken), was dadurch auf den Boden fällt. Zum Einziehen von Wurstgarn verwendet man in der Regel eine sogenannte Packnadel. Die dickere

Zum Aufhängen der edlen Fleischteile werden Schnüre und Räucherstöcke benötigt.

Nylonschnur wird mit einer Ahle durch das Fleischstück gezogen.

Kochschinken- und Rippchenformen

Bei der Herstellung von Kochpökelwaren (zum Beispiel Kochschinken oder Rippchen gegart) braucht man spezielle Formen zum Garen. Sie haben die Aufgabe, den Fleischstücken die gewünschte Form zu geben. Außerdem sollen sie das Aroma und die Farbbildung im Fleisch halten, was beides beim Kochen im Wasser verloren gehen würde.

Kochschinkenformen gibt es aus Aluminium oder Edelstahl und sind rund, oval oder eckig. Sie bestehen aus der Wanne, in die das Fleischstück gelegt wird, und dem Deckel zum Verschließen. Der Verschluss ist mit einer sogenannten Zahnfalle versehen, mit welcher der Druck geregelt werden kann.

Beim Kauf sollte man unbedingt darauf achten, dass die Form später zum Garen in den Kochtopf oder den Einkochtopf passt. Die meisten Formen sind nämlich zu groß für einen Topf, da sie bei der professionellen Schinkenherstellung in den Schlachtkessel oder den Kochschrank gestellt werden. Es gibt zudem Formen, die durch eine Trennwand aufgeteilt werden können. Diese sind in der Anschaffung zwar teurer, aber mit ihnen können Fleischteile unterschiedlicher Formen gepresst und gegart werden.

Werden ganze Kotelettstränge als gekochte Rippchen verarbeitet, gibt es spezielle Gefäße, in denen drei Stränge

Um den Fleischstücken eine bestimmte Form zu verleihen, wählt man die passende Kochschinkenform (Firma Adelmann).

auf einmal gegart werden können. Für den Hobbyhersteller sind sie aber eher unbedeutend.

Für gekochte Rippchen kann eine runde Kochschinkenform zum Garen verwendet werden. Vor dem Einsalzen sollte das Kotelettestück aber entsprechend gekürzt werden, damit es nachher beim Garen in die Form passt. Das Gleiche gilt für Schweinehals.

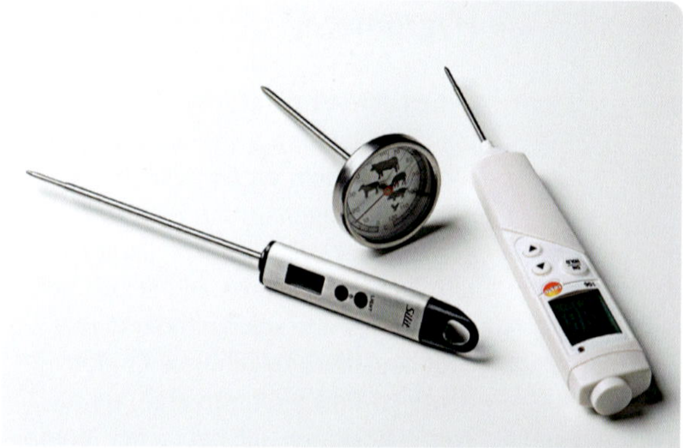

Zum Messen der Kerntemperatur des Fleisches gibt es Fleischthermometer in verschiedenen Ausführungen.

Kessel und Einkochtopf

In der Fleischerei sind ausschließlich Edelstahlkessel beziehungsweise Kochschränke zum Garen von Fleisch- und Wurstwaren im Einsatz. Diese sind in der Regel gas- oder elektrobeheizt. Beim Hausschlachten werden auch häufig noch holzgefeuerte Kessel benutzt. Diese können selbstverständlich auch zum Garen von Kochpökelwaren verwendet werden.

Viel einfacher einzusetzen, vor allem für kleinere Mengen, ist dagegen ein elektrischer Einkochtopf. Er hat in der Regel ein Fassungsvermögen von 20 Litern. Die Temperatur wird durch einen Thermostat überwacht. Sie kann mit einem Regler eingestellt werden. Somit sind gleichbleibende Temperaturen gewährleistet. Wie bei den Kochschinkenformen bereits erwähnt, kann man, wenn die Größe passt, die Form in den Topf stellen und so bequem Kochschinken garen.

Fleisch- und Räucherthermometer

Kochpökelwaren nur nach einer bestimmten Zeitangabe zu garen, ist relativ risikoreich. Die Fleischteile sind oft unterschiedlich groß und stammen häufig von Tieren unterschiedlichen Alters. Dann ist ein konstantes Durchgaren nicht gewährleistet. Daher empfiehlt es sich, die Kerntemperatur des Fleisches zu messen. Hierfür sticht man die Sonde ins Fleisch ein und kann an der Skala mühelos die Temperatur ablesen. Es gibt auch elektronische Thermometer.

Nicht zu vergessen: Mit einem Fleischthermometer kann natürlich auch die Messung der Wassertemperatur erfolgen.

Bei den verschiedenen Räucherarten wird in unterschiedlichen Temperaturbereichen gearbeitet. Wer noch nicht genügend Erfahrung damit hat, sollte niemals ohne Thermometer räuchern. Bei den Räucherschränken sind solche Thermometer oft schon eingebaut. Man kann diese auch mühelos nachrüsten. Dazu bohrt man ein Loch mit dem gleichen Durchmesser der Sonde vom Thermometer in die Tür des Räucherschranks oder der Räucherkammer und steckt die Sonde hinein. So kann mühelos die Temperatur abgelesen werden und man vermeidet Fehlfabrikationen. Übrigens kann hierfür auch das Fleischthermometer verwendet werden.

Hygrometer

Neben der Temperatur spielt beim Reifen und Räuchern die relative Luftfeuchtigkeit eine sehr große Rolle. Diese wird mit einem sogenannten Hygrometer gemessen. Wenn Schinken länger gereift beziehungsweise an der Luft gelagert wird, sollte solch ein Gerät zur Grundausrüstung gehören. Es gibt heute schon kostengünstige, kleine Wetterstationen, die neben der Temperatur die relative Luftfeuchtigkeit digital anzeigen.

Räuchergeräte

Bei der Auswahl der Räuchergeräte muss zunächst darauf geachtet werden, welche Produkte erzeugt werden sollen, das heißt, man muss wissen, ob Kalt- oder Heißrauch erforderlich ist. Außerdem sollte man ungefähr abschätzen, welche Mengen und wie oft diese Fleischwaren produziert werden sollen und welche räumliche Möglichkeiten man hat, um solch ein Gerät dort aufzustellen beziehungsweise zu installieren. Da die Räuchervorrichtung die teuerste Investition ist, sollte man entsprechend sorgfältig bei der Auswahl vorgehen.

Räucherkammer

Eine Räucherkammer wird in der Regel aus Ziegelsteinen aufgemauert. Drei Seiten der Kammer sind gemauert, während die vierte Seite nach vorn durch eine Blechtür verschlossen werden kann. Mit Räucherkammern kann kalt, warm und heiß geräuchert werden.

Man unterscheidet drei verschiedene Typen von Räucherkammern, die im Folgenden kurz beschrieben werden. Die beiden Letztgenannten sind genehmigungspflichtig. Vor dem Einbau sollte daher in jedem Fall Rücksprache mit dem zuständigen Bezirkskaminkehrermeister erfolgen.

Eine **Räucherkammer** kann **draußen auf einer freien Fläche**, also zum Beispiel im Garten, aufgemauert werden. Sie kann ebenso an einem Hügel ins Erdreich eingelassen sein. Selbstverständlich muss dann ein Rauchabzug aufgemauert oder ein Rauchrohr aufgesteckt werden, damit das Feuer den richtigen „Zug" hat. Das Erdreich wirkt dann wie eine Isolation. Somit sind Temperaturschwankungen nach außen so gut wie ausgeschlossen. Solch ein Ofen ist nicht genehmigungspflichtig. Hingegen sollte natürlich Rücksicht auf die Nachbarschaft genommen werden.

Die **Räucherkammer** kann **im Keller direkt am Schornstein** aufgemauert werden. Der Rauchabzug erfolgt dann oben über den Kamin nach außen. Diese Art der Räucherkammer war noch bis vor ein paar Jahren fast ausschließlich in Fleischereien anzutreffen. Diese Kammern haben in der Regel Raumhöhe. Dadurch kann die Temperatur am Räuchergut zusätzlich gesteuert werden. An den Seitenwänden befinden sich in verschiedenen Etagen feste Schienen, auf denen die Räucherstöcke mit dem Räuchergut aufgelegt werden. Es gibt auch Wagen mit Rädern, welche mit dem Räuchergut bestückt werden. Der Vorteil dabei ist, dass das Räuchergut direkt vom Tisch auf die Wagen kommt und dann in den Rauch geschoben wird. So ist man während des Aufhängens nicht der Rauchluft ausgesetzt, was äußerst unangenehm und zudem gesundheitsschädlich wäre.

Die **Räucherkammer** kann auch **auf dem Dachboden direkt am Kamin** aufgemauert werden. Solche Räucherkammern waren früher häufig in den Bauernhäusern anzutreffen. Geräuchert wurde gewöhnlich in den Wintermonaten. So wurden Heizen und Räuchern kombiniert, das heißt, bei diesen Kammern wird unten in der Wohnung gefeuert und der Rauch zieht dann im Kamin nach oben. Dort wird ein Metallschieber in den Kamin gesteckt und so der Rauch durch die Kammer geleitet. Oben zieht der Rauch dann wieder über den Kamin nach außen. Durch den Schieber können die Rauchintensität und auch die Temperatur gesteuert werden. Während des Räucherprozesses muss natürlich sehr darauf geachtet werden, was unten in der Feuerstelle verbrannt wird. Auch hier werden die Räucherstöcke auf in den Seitenwänden befestigten Schienen aufgelegt.

Räucherschrank

Die Verwendung eines Räucherschranks ist heute üblich bei einem Hobbyräucherer. Es ist die einfachste und durchaus auch eine kostengünstige Methode. Räucherschränke gibt es in unterschiedlichen Größen und Ausführungen.

Ein Räucherschrank besitzt einen stabilen Metallrahmen. Die Wände bestehen aus verzinktem Blech oder bei den teureren Modellen aus Edelstahl. Im unteren Teil des Schranks befindet sich der Räucherkasten, an dem auch die Luftzufuhr gesteuert werden kann. Darüber ist das Rauchverteilblech. So ist gewährleistet, dass sich der Rauch im Schrank gleichmäßig verteilt. Außerdem wird die Rauchtemperatur dadurch abgekühlt. Im oberen Bereich des Schranks sind an den Seitenwänden ebenfalls Schienen installiert, auf denen die Räucherstöcke mit dem Räuchergut aufgelegt werden. In der Decke ist der Rohrausschnitt für das Räucherrohr, das entweder am Kamin angeschlossen wird oder den Rauch direkt ins Freie befördert.

Damit stellt sich bereits die Frage, wo dieser Räucherschrank aufzustellen ist. Ideal wäre hierfür ein kühler Kellerraum. Voraussetzung ist natürlich, dass dieser Raum einen Kaminanschluss hat. Sollte kein solcher Raum vorhanden

Dieser Räucherschrank zum Kalt- und Heißräuchern wird von der Firma Häussler hergestellt.

sein, kann man den Räucherschrank auch im Garten aufstellen, wobei man natürlich auch hier Rücksicht auf die Nachbarn nehmen sollte.

Beim Räuchern im Garten kann, vor allem in den Wintermonaten, allerdings ein Problem auftreten. Beim Kalträuchern herrscht im Schrank eine Temperatur von etwa 20 °C. Liegen die Außentemperaturen um den Gefrierpunkt oder noch darunter, herrscht eine sehr hohe Temperaturdifferenz zwischen innen und außen. Was passiert dann? Im Räucherschrank bildet sich Kondenswasser. Durch den Einfluss des Rauches bildet sich ein teerähnliches Gemisch. Dieses verdirbt nicht nur die Räucherware, sondern ist zudem giftig und gesundheitsschädlich.

Solche Temperaturschwankungen können auch in einem unbeheizten Raum auftreten. Andererseits sollte der Räucherschrank aber in einem kühlen Raum stehen, damit sich zwischen den einzelnen Räucherprozessen das Räuchergut wieder abkühlen kann. Außerdem kühlt die von außen einströmende kühle Zugluft den Rauch im Schrank ab. Der Räucherschrank sollte deshalb gut isoliert sein, um Temperaturschwankungen auszugleichen. Das gilt auch für das Rohr zum Kamin.

Steht der Schrank im Freien, muss auf den Rohrstutzen ein Rohr von mindestens 1 Meter Länge aufgesteckt werden, damit der Rauch abzieht. Außerdem muss dafür gesorgt werden, dass Regen nicht durch das Rohr in den Schrank laufen kann. Deshalb steckt man am Ende des Rohrs am besten ein um 90 Grad gebogenes Winkelrohr oder ein Rohrstück mit einem sogenannten Hut auf.

Räucherschränke sind in der Regel fürs Kalträuchern ausgelegt. Wie beim Thema „Heißräuchern“ noch beschrieben wird, kann durch Elektro- oder Gasbefeuerung auch Heißrauch erzeugt werden. Beim Kauf des Räucherschranks sollte darauf geachtet werden, ob eine solche Umrüstung zum Heißräuchern möglich ist. Dazu wird der Räucherkasten (Schublade) ausgetauscht.

Räucherofen/Räuchervorrichtung selbst gebaut

Eine Räuchervorrichtung zum Heißräuchern kann auch selbst gebaut werden. Man sollte dann aber nicht unbedingt räuchern, wenn Sturmböen angesagt sind oder der Wind genau in Richtung Nachbars Wohnzimmer zieht. Die Räuchervorrichtung sollte entweder auf einem Betonboden (mit einem Blech darüber) oder auf dem Gartenboden aufgebaut werden.

Als Räucherofen verwendet man eine alte Blechtonne wie zum Beispiel ein 200-Liter-Fass. Es sollte darauf geachtet werden, dass sie innen nicht mit einer Lackierung beschichtet ist, die durch Hitzeeinwirkung giftige Gase abgibt. An der Tonne schneidet man den einen Deckel vollständig heraus. Diese Öffnung kommt nach oben. Die geschlossene Seite wird nach unten gestellt. Auf den Fassboden legt man an die Außenwände vier Backsteine, die eine Höhe von etwa 10 cm haben. Auf diese Steine legt man einen Gussrost. Nun schneidet man in der Höhe des Gussrostes in die Wand der Blechtonne eine Öffnung von etwa 30 × 30 cm. Sie dient als Feuerloch, damit auf dem Gussrost das Feuer entfacht werden kann. Mit diesem Loch lässt sich außerdem die Luftzufuhr steuern. Hierfür stellt man ein Blechstück außen vor diesen Ausschnitt und verbiegt es so, dass es der Krümmung der Tonne angepasst ist. Durch Verschieben dieses Bleches kann die Öffnung dann größer oder kleiner eingestellt und somit der Luftzug erhöht und verringert werden. Jetzt muss man nur noch die Stäbe mit den Würsten auf die Tonne hängen und schon kann geräuchert werden.

Eine weitere Möglichkeit besteht darin, für den Räucherofen Backsteine (zum Beispiel Hohlziegel in der Größe 50 × 24 × 11 cm) auf einer Grundfläche von etwa 1 × 1 m und einer Höhe von 1,5 m aufeinanderzusetzen. Auch hierbei wird wie oben beschrieben ein Rost eingesetzt. Vorn wird eine Öffnung zur Feuerung ausgespart.

Der Ofen kann entweder fest mit Mörtel aufgemauert werden oder die Steine werden ohne Mörtel aufeinandergesetzt, sodass man sie später wieder wegräumen kann.

Beim Räuchern mit einem selbstgebauten Räucherofen ist man vom Wetter abhängig, da der Ofen ja im Freien stehen muss. Hat man aber die Zustimmung der Nachbarn und beachtet die örtlichen Bestimmungen diesbezüglich, ist man sozusagen autark und kann die Schinkenherstellung völlig allein durchführen.

Solch eine Heißräuchervorrichtung lässt sich aus Ziegelsteinen ganz einfach errichten und ist schnell wieder abgebaut.

Räucher-, Klima- und Kochschrank

Solch ein Schrank wird in diesem Zusammenhang schon als eine Anlage bezeichnet. Damit kann man, wie es der Name sagt, das Klima steuern und zudem bei Bedarf Rauch erzeugen. Man kann somit heizen, kühlen, die Luft be- und entfeuchten und die Luftumwälzung regeln. Ebenso kann die Rauchzufuhr gesteuert werden. Die Anlage kann zudem zum Brühen und Braten verwendet werden.

Die Steuerung erfolgt in der Regel elektronisch. Zudem kann die Herstellung von jedem Produkt programmiert werden. Genaue Sensoren überwachen das gewünschte Klima. Eine solche Anlage ist zweifelsfrei die beste Art, um Roh- und Kochpökelwaren herzustellen. Für den Profi, der immer eine Ware mit gleichbleibender Qualität produzieren möchte, ist dieser Schrank nicht mehr wegzudenken. Für den Laien wird es eher ein Traum bleiben.

Der Pökelraum

Unter einem Pökelraum versteht man den Raum, in welchem sowohl das eingesalzene Fleisch als auch das Fleisch zum Durchbrennen aufbewahrt werden. Ideale Klimabedingungen liegen bei etwa 4 bis 5 °C und 75 Prozent relative Luftfeuchtigkeit. Der Raum muss dunkel sein, da sich Licht negativ auf die Qualität der Lagerware auswirken kann. Außerdem sollte eine gewisse Luftumwälzung vorhanden sein. Das gilt für sämtliche Pökelarten. In den Fleischereien hat man dafür eigens zur Verfügung stehende klimatisierte Kühlräume. Ein Kühlraum ist aber für den Privateinsatz zu kostspielig.

Früher diente einfach der Gewölbekeller im Erdreich als Pökelraum. Ein sehr guter Keller hat ziemlich konstante Temperaturen und eine relativ hohe Luftfeuchtigkeit. Wenn Schinken im Winter hergestellt wird, kann auch ein normaler Keller im Haus als Pökelraum dienen. In Kellerräumen ist aber Vorsicht vor Ungeziefer wie Fliegen und Nager geboten.

Doch auch ein Kühlschrank erfüllt diesen Zweck. Hier muss auf Hygiene geachtet werden, damit die Qualität beim Salzen nicht leidet. Der Kühlschrank hat oft den Nachteil, dass größere Gefäße nicht hineinpassen. Bevor man sich mit dem Einsalzen von Fleisch, vor allem mit größeren Mengen, befasst, muss daher kontrolliert werden, welche Mengen in den Kühlschrank passen.

Das Rohmaterial Fleisch

Das Schwein zur Schinkenherstellung

Die Basis zur Herstellung von Schinken beziehungsweise Fleischwaren ist immer der Rohstoff Fleisch. Von der Auswahl über das Zerlegen bis zur Behandlung vor dem Salzen reicht dabei das Spektrum der vorbereitenden Arbeiten.

Viele Räucherfreunde sind gleichzeitig Landwirte oder Hobbytierhalter. So liegt es oft auf der Hand, bei der Verwertung der Tiere bestimmte Fleischteile auch selbst zu salzen und zu räuchern.

Sowohl bei der Schinken- als auch bei der Kochpökelwarenherstellung hat Schweinefleisch die weitaus größte Bedeutung, was sich auch im Rezeptteil widerspiegelt. Bis heute ist die Hausschlachtung eines Schweins oft noch die Basis zur Gewinnung der Fleischteile für die Herstellung dieser Produkte. Gute Endprodukte kann man nur aus hochwertigem Rohmaterial herstellen. Dafür ist es immer von Vorteil, wenn die Tiere im eigenen Stall gemästet werden, da man die Haltungsbedingungen und die Fütterung selbst in der Hand hat. Beim Zukauf sollte man sich vorher zumindest über Rasse, Herkunft, Fütterung und Haltung der Tiere informieren, um festzustellen, ob es sich wirklich um Rohmaterial in der gewünschten Qualität handelt.

Bewährte Schweinerassen

Noch bis in die 1970er-Jahre wurde bei einer Hausschlachtung selten ein Schwein mit einem Gewicht unter drei bis dreieinhalb Zentnern geschlachtet. Das Tier sollte ordentlich fett sein. Dafür war die Schwäbisch-Hällische Rasse sehr verbreitet. Diese Tiere waren sehr robust und konnten gut auf dieses Gewicht gemästet werden.

Heute bevorzugt man Schweine, die an Schlegel, Schulter und Rücken eine gute Fleischfülle aufweisen und mager sind. Diese Voraussetzungen erfüllt die Kreuzung Deutsche Landrasse × Piétrain. Diese Tiere sind ordentlich im Rahmen und gut bemuskelt. Für die Herstellung von Koch- und Brühwurst liefern sie zwar gutes Fleisch, für die Herstellung von Rohwurst und Schinken ist das Fleisch dagegen weniger geeignet, da es oft zu wässrig ist.

Vor allem in Biobetrieben kam man daher wieder auf die „Schwäbisch-Hällischen“ zurück. Sie werden nun mit der Rasse Piétrain gekreuzt. Sie sind sicherlich etwas fetter, liefern aber einen hervorragenden Rohstoff zur Herstellung von Rohwurst und Schinken, da dieses Fleisch einfach „trockener“ ist. Das Endgewicht sollte bei 130 bis 140 kg liegen. Die Schlachtausbeute bei diesen schwereren Tieren liegt bei knapp 80 Prozent.

Will man größere Tiere schlachten, eignen sich eher Schweine der Deutschen Landrasse. Diese Tiere sind noch gut in der Fleischfülle. Vor allem weibliche Tiere verfetten hierbei nicht so schnell. Auch das Fleisch dieser Tiere ist einfach kerniger und somit gut zur Schinkenherstellung geeignet.

Die Schweinerasse „Schwäbisch-Hällische“ ist sehr robust und für den Selbstvermarkter ideal geeignet.

Richtige Fütterung

Als Grundregel gilt: Je größer das Endgewicht des Tieres sein soll, desto langsamer muss die Mast erfolgen. Das Futter darf dann nicht zu energiereich sein. Das ist besonders in der Endmast (im letzten Drittel der Mast) wichtig, da sonst die Verfettung zu extrem wird.

Das Schwein soll so gefüttert werden, dass es möglichst viel Fleisch an Schlegel, Schulter und Rücken entwickelt, wobei der Specküberzug dünn und der Bauch dick und mager sein soll. Ebenso wie das Aroma des Fleisches ist auch der Fettansatz stark rasseabhän-

Haltung der Tiere

Schweine werden meist im Stall gehalten. Die Weidehaltung hat in den Intensivbetrieben gar keine Bedeutung. Dort werden die Tiere aus arbeitswirtschaftlichen Gründen auch ohne Stroh gehalten. In Biobetrieben steht den Tieren dagegen nach wie vor eine Einstreu zur Verfügung.
Vereinzelt trifft man dort auch noch Weidehaltung an. Das sind ideale Bedingungen für die Mast. Allerdings sind solche Schweine auch teurer als konventionell gehaltene Tiere. Einzeltiere für die Hausschlachtung werden in der Regel ebenfalls auf Stroh gehalten.

gig, wird aber auch entscheidend von der Fütterung beeinflusst.

Die Fütterung ist eine Sache der Erfahrung. Nicht jedes Tier einer Rasse gedeiht gleich. Ein gutes Schwein wird mit Getreide gemästet, wobei Weizen und Gerste bevorzugt werden, da diese energiereicher als Hafer sind. Proteine sind in der Mast sehr wichtig. Hier sollte den pflanzlichen Eiweißen der Vorzug gegeben werden, um ein gutes Fleischaroma zu erreichen. In der Vormast (etwa 60 bis 70 kg) kann auch Fisch- oder Tiermehl verwendet werden. Zwar ist tierisches Eiweiß energiereicher, dafür aber auch teurer. Bei pflanzlichem Eiweiß wird vorrangig Sojaschrot verfüttert. Anteilig eignet sich aber Ackerbohnen- oder Futtererbsenschrot ebenso gut. Für den Knochenbau und das Wachstum ist Mineralfutter sehr wichtig. Selbstverständlich können Küchenabfälle, Milch, Grünfutter, Kartoffeln, Mais und Futterrüben als Bestandteil der Futterration eingesetzt werden. Das macht das Fleisch kerniger und geschmackvoller. Bei der Fütterung von Kartoffeln, Mais und Milch besteht aber die Gefahr der Verfettung.

Ein Schwein darf in der Vormast (25 bis 70 kg) energiereicher und annähernd satt gefüttert werden. In der Endmast (70 kg bis zum Schlachten) sollte etwas energieärmer und vor allem nicht mehr satt gefüttert werden. Je länger ein Tier gehalten wird und je schwerer es gemästet wird, desto mehr muss darauf geachtet werden. In so einem Fall ist es kein Fehler, Grünfutter, Heu, Silage und Rüben zu verfüttern. Diese Futtermittel sind sättigend, dabei aber energiearm. In den letzten zwei Wochen vor der Schlachtung sollte das Mineralfutter abgesetzt und das Eiweiß reduziert werden, wobei die Futterration auch weiterhin verringert wird. Das Aroma des Schweinefleisches wird durch das Absetzen von Mineralfutter und Eiweiß nochmals verbessert.

Fleischteile durch Zukauf

Wie bereits beschrieben, sind natürlich selbst aufgezogene Tiere der beste Rohstoff für die Schinkenherstellung. Allerdings gehört das heute eher zu den Ausnahmen. Aber auch jemand, der nicht selbst Tiere hält und aufzieht, sollte sich bei der Schinkenherstellung keineswegs entmutigen lassen. Wenn einige Grundsätze beachtet werden, können Schinken von derselben Qualität hergestellt werden.

Die Fleischteile sollten nur bei einer Person des Vertrauens gekauft werden. Ob es sich hierbei um einen landwirtschaftlichen Direktvermarkter, eine Fleischerei oder einen Großschlachter handelt, ist egal.

Nach Möglichkeit sollte auf den pH-Wert des Fleisches geachtet werden. Der ideale Wert liegt bei etwa 5,5. Dies sollte wie oben beschrieben mit einem pH-Wert-Messgerät oder mit Lackmuspapier ermittelt werden.

Die Fleischteile müssen sauber zugeschnitten sein, denn jede Schnitt- und Stichverletzung am Fleisch wirkt sich qualitätsmindernd auf das Endprodukt aus. Zudem leidet das Aussehen des Endprodukts daran.

Bei den Fleischteilen sollte eine Sicht-, Geschmacks- und Geruchskontrolle durchgeführt werden. Oft ist schon äußerlich zu erkennen, ob die Qualität in Ordnung ist.

Bei den Fleischteilen sollte die Kühlkette nie unterbrochen werden, das heißt, das Fleisch sollte nach der Schlachtung rasch auf eine Kerntemperatur von höchstens 4 °C heruntergekühlt werden, die auch bis zur Verarbeitung zum Schinken beibehalten wird. Besondere Vorsicht ist geboten, wenn Fleisch im Auto transportiert wird. Gegebenenfalls sollte dann eine Kühlbox verwendet werden.

pH-Wert

Bei der Fleischproduktion zieht sich die Bestimmung des pH-Wertes wie ein roter Faden durch die verschiedenen Produktionsabschnitte, von der Schlachtung bis zum Endprodukt. Neben der Sicht- und Geruchskontrolle ist der pH-Wert eine Art „Qualitätsbarometer" des Fleisches.

Der pH-Wert gibt Auskunft über den Säurezustand des Fleisches. Grundsätzlich geht die pH-Wert-Tabelle von 0 bis 14, wobei 0 bis 6 den sauren, 7 den neutralen und 8 bis 14 den alkalischen Bereich darstellen. Beim Fleisch bewegt sich der pH-Wert etwa zwischen 5 und 7, wobei zu Beginn, genauer ausgedrückt nach der Schlachtung, der Wert bei etwa 7 liegt. Werte über 7 und unter 4 sind als kritisch zu bezeichnen. Es handelt sich dann in der Regel um verdorbene Ware. Gleich nach der Schlachtung sinkt der pH-Wert, vor allem beim Schweinefleisch, am stärksten ab.

Bei verschiedenen Produkten wie Rohwurst und Rohpökelwaren ist der richtige pH-Wert des Rohmaterials Fleisch Grundvoraussetzung für ein gutes Gelingen in der Herstellung. Hierfür sollten Werte von unter 6 angestrebt werden. In diesem Skalenbereich ist die Wasserabgabe des Fleisches zufriedenstellend und der Reifeprozess des Schinkens wird begünstigt.

Zerlegen des Tierkörpers

Wer noch selbst schlachtet oder eine Schweinehälfte zukauft, muss auch den Tierkörper richtig zerlegen. Deshalb wird hier ausführlich auf dieses Thema eingegangen.

Im Folgenden wird das Zerlegen eines Schweins detailliert beschrieben. Da bei der Verwendung anderer Tierarten viele Arbeitsschritte gleich sind, können sie auf das Zerlegen von anderem Rohmaterial übertragen werden.

Besonders bei den Knochen und Fleischteilen haben die Fleischer ihre eigene Sprache. Man sagt nicht „der untere Teil vom Schlegel“, sondern „die Unterschale“, ebenso heißt es nicht „das Schulterblatt“ sondern „die Schaufel“. Diese Spezialausdrücke sollte man sich einfach aneignen. Man will sich ja schließlich zu den „Fachleuten“ zählen.

Beim Zerlegen einer Schweinehälfte gibt es vom Grundsatz her zwei Varianten: die süddeutsche und die norddeutsche Zerlegungsart. Der Hauptunterschied ist die Art, wie das Vorderviertel zerlegt wird. Im Folgenden wird die süddeutsche Art beschrieben.

Beim Hausschlachten sind die Qualitätsstandards beim Zerlegen normalerweise nicht so hoch wie beim Zerlegen in der Fleischerei. Dort muss Fleisch produziert werden, das ansehnlich im Laden präsentiert werden kann. Wenn man jedoch Schinken herstellen will, muss auch der Hobbyräucherer sauber arbeiten, das heißt, die Fleischstücke sollten möglichst wenig verletzt werden, da sonst Nährboden für unerwünschte Bakterien entsteht.

Zur Sicherheit

Beim Ausbeinen passieren die meisten Unfälle in Form von Stich- und Schnittverletzungen. Zur Vermeidung dieser Gefahren gibt es spezielle Stechschürzen und Stechhandschuhe zu einem erschwinglichen Preis. Außerdem sollte das Messer richtig in der Hand liegen. Beim Schneiden wird es mit den Fingern umfasst und mit dem Daumen auf den Messerrücken gedrückt. Beim Ausbeinen umfasst die ganze Hand den Messergriff, die Spitze zeigt nach unten und das Messer wird gezogen. Falls man ausrutscht, muss das Messer am Körper vorbeigehen.

Zerlegen in grobe Teilstücke

Man kann die Schweinehälfte liegend und hängend zerlegen. Hier wird es an der liegenden Hälfte erklärt. Die Schweinehälfte wird zunächst auf die Schwartenseite gelegt. Befindet sich der Kopf noch an der Hälfte, wird dieser am Genick abgetrennt. Die Backe kann am Kopf verbleiben.

Die Backe wird dann entlang der Schweineschulter so abgetrennt, dass Letztere nicht verletzt wird. Nun wird das Filet ausgelöst. Dazu erfolgt ein Schnitt entlang des Kotelettknochens, der am Schlossknochen endet. Dort wird der Filetkopf aus dem Schlegel gelöst, wobei man nicht zu tief schneiden darf, damit der Schlegel nicht verletzt wird.

Hier muss man sich, wie bei sämtlichen Zerlegearbeiten, an die Fleischnaht halten. So kann man sich am besten orientieren. Die Fleischnaht ist die

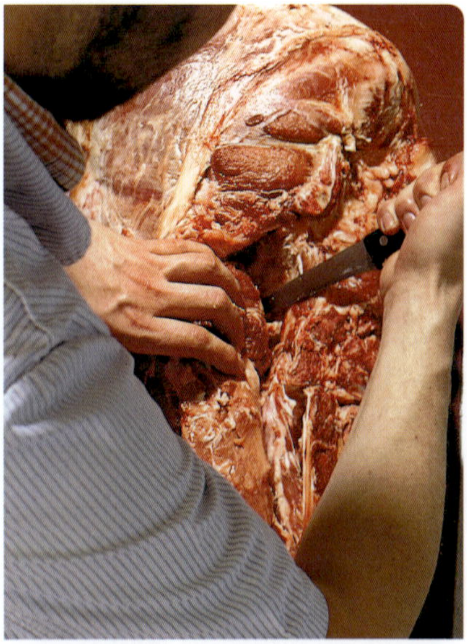

Beim Herauslösen des Filetkopfes darf man nicht zu tief schneiden, um den Schlegel nicht zu verletzten.

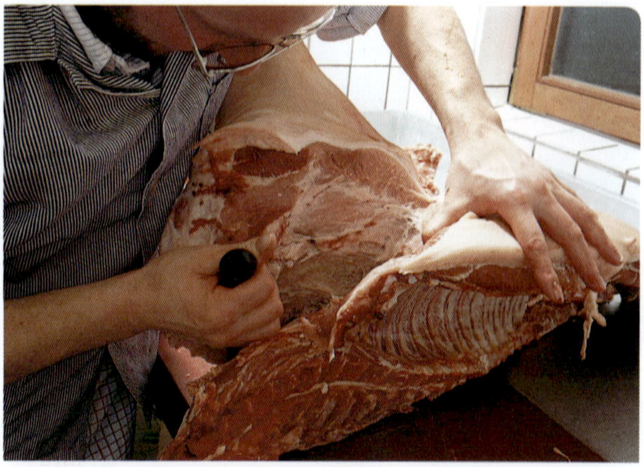

Die Schulter muss umgeklappt werden, damit sie mit dem Messer abgetrennt werden kann.

natürliche Abtrennung der einzelnen Fleischteile.

Der Schlegel wird dort abgeschnitten, wo der Schlossknochen endet. Der Wirbelknochen wird am besten durchgesägt. Nun wird die Hälfte auf die Knochenseite gelegt und der Schweinebug abgetrennt. Dazu wird mit der linken Hand der Vorderfuß hochgezogen. Der erste Schnitt erfolgt am Kotelettstück. Die Messerführung läuft zwischen Bug und Rippen parallel. Dort kommt dann eine breite Fleischnaht zum Vorschein, der man nachschneidet, bis man zur Schaufel gelangt.

Danach folgt ein leichter Schnitt auf dem Knochen. Anschließend wird mit dem Messerrücken die Haut auf der Schaufel losgekratzt. Der Bug (Schulter) wird nun nach hinten umgeklappt und zwischen Knochen und Knorpel abgetrennt. Der Knorpel verbleibt am Hals.

Jetzt wird das restliche Stück der Schweinehälfte wieder auf die Schwartenseite gedreht und das Hals-Kotelett-Stück vom Bauch abgesägt, und zwar so, dass das Kotelett den gewünschten Stiel hat. Wird das Kotelettstück zu schmal abgetrennt, zerfällt es. Der Sägeschnitt kann mit dem Messer auf den Rippen angezeichnet werden.

Nun braucht nur noch der Hals vom Kotelett getrennt werden. Das geschieht von der Brustspitze her nach der 8. Rippe. Die groben Fleischteile lauten somit: Kopf mit Backe, Schlegel, Bug, Kotelettstrang, Hals und Bauch.

Zerlegen des Schweineschlegels

Zuerst wird mit dem Messer in die Kniescheibengegend gestochen. Dort muss man auf eine weiche Stelle treffen. Die Haxe wird nun ziemlich parallel zum

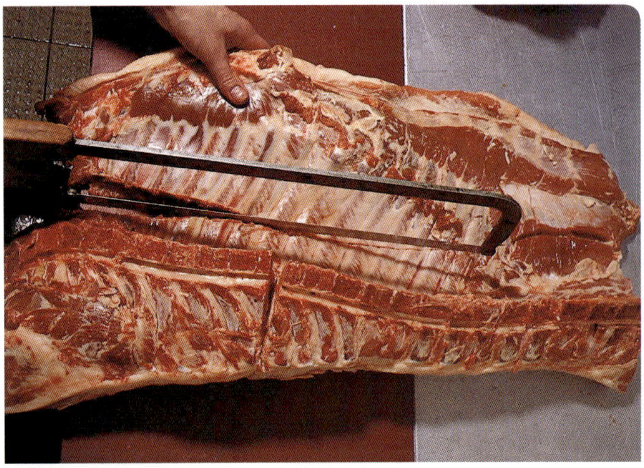

Das Abtrennen der Hals- und Kotelettpartie erfolgt mit der richtigen Säge.

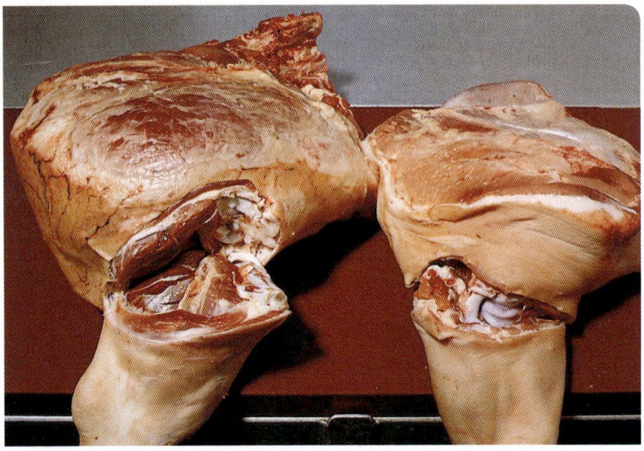

So wird das Eisbein von Schlegel und Bug abgetrennt.

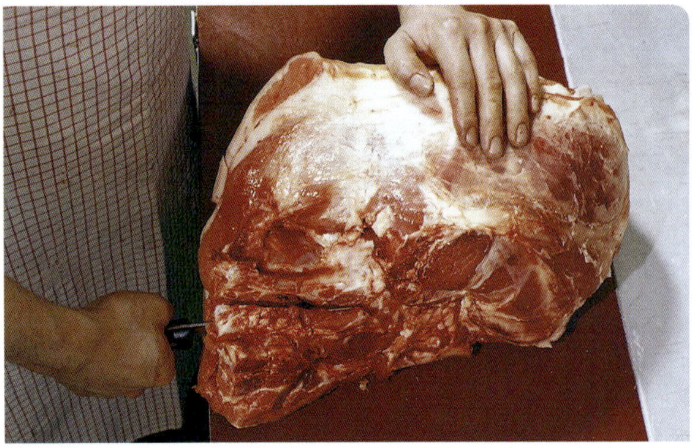

Beim Lösen des Schwanzfederbeins vom Schlossknochen muss man genau zwischen die beiden Knochen schneiden.

Schlossknochen abgeschnitten. Sie wird in Eis- und Spitzbein unterteilt, wobei der fleischige Teil das Eisbein ist. Nun wird das Schwanzfederbein vom Schlossknochen abgelöst. Dazu schneidet oder sticht man zwischen diese beiden Knochen und gewichtet die Feder hoch. Vorsicht, Messer nicht abbrechen!

Nun schneidet man am Schlossknochen bis zur Gelenkpfanne vor (dort beginnen, wo das Tier „aufgeschlosst" wurde). Dann wird das Gelenk durchtrennt. In das Loch im Schlossknochen wird hineingefasst und der Knochen vom Fleisch weggedrückt. Der Knochen wird jetzt auf dem Mürben Stück (Hüfte) gelöst und hängt nur noch an der Unterschale. Hier muss man sehr sorgfältig arbeiten, damit man nicht in die Unterschale sticht.

Nun wird der Rohrknochen ausgelöst. Dazu schneidet man in einem Winkel von etwa 45 Grad zwischen Nuss und Oberschale. Die Naht ist außen sichtbar und läuft direkt am Knochen vorbei. Es führt dann ein Schnitt mit der Messerschneide auf den Knochen. Anschließend wird das Fleisch mit dem Messerrücken vom Knochenrohr gelöst. Dabei sollte die Knochenhaut nicht verletzt werden. Jetzt wird der Knochenkopf an der Kniescheibe ringsherum freigelegt. Der Knochen kann nun vollends mühelos ausgelöst werden.

Soll der Schlegel abgeschwartet werden, ist das Entfernen der Schwarte der nächste Arbeitsschritt. Die Schwarte wird so abgezogen, dass etwas Fett am Fleisch verbleibt. Die Fleischschicht darf auf keinen Fall verletzt werden. Nun wird der Schlegel entlang der Nähte in vier Stücke zerlegt, nämlich Oberschale, Unterschale, Nuss und Mürbes Stück (Hüfte). Am Nussstück wird noch die Kniescheibe entfernt.

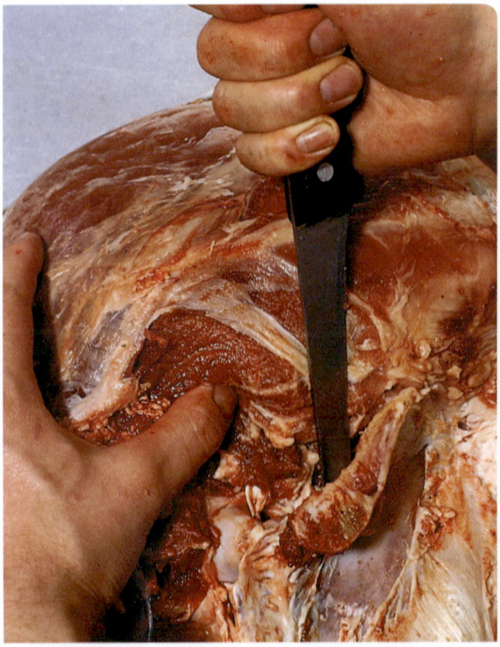

Der Schlossknochen wird mit einem tiefen Schnitt gelöst …

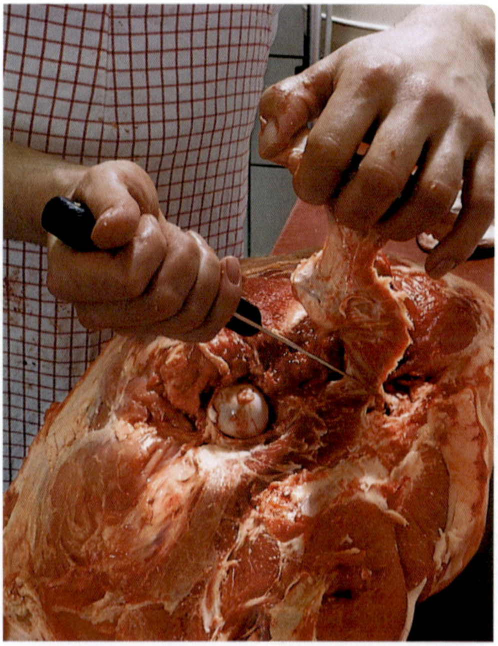

… und dann vorsichtig mit der Hand vom Fleisch getrennt.

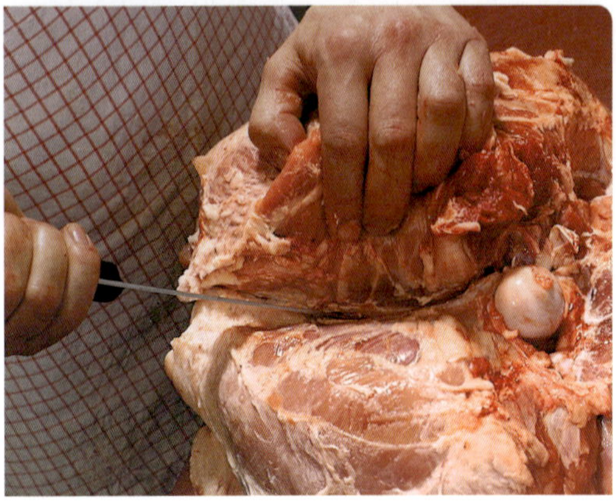

Der 45-Grad-Schnitt zwischen Oberschale und Nuss führt direkt am Knochen vorbei.

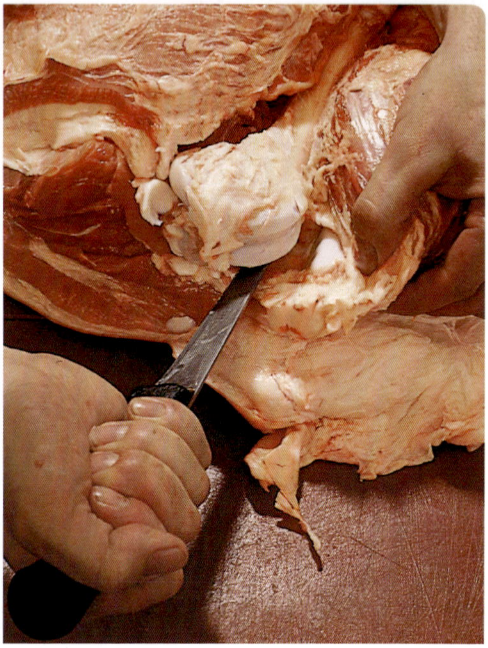

Wenn der Knochenkopf freigelegt wird, sollte die Knochenhaut nicht verletzt werden.

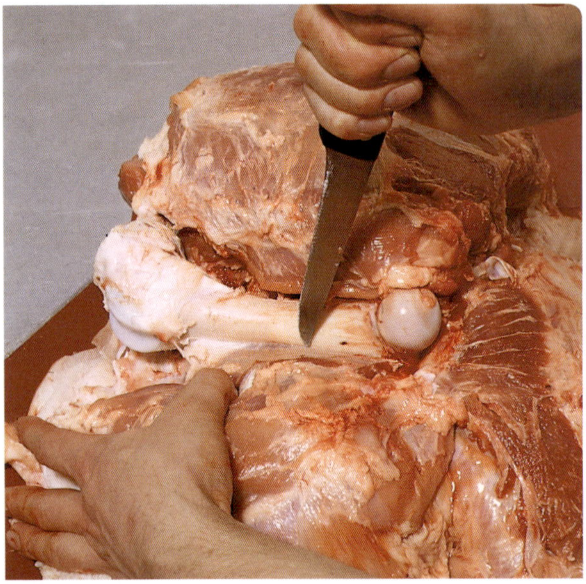

Das Lösen der Rohrknochenhaut erfolgt mit dem Messerrücken.

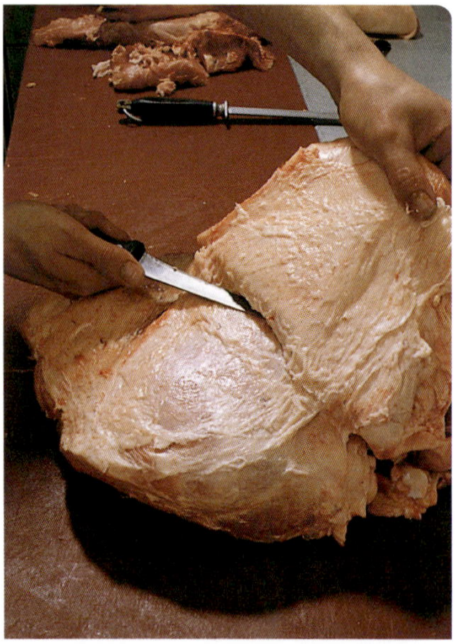

Beim Abziehen der Speckschwarte vom Schlegel sollte etwas Fett am Fleisch verbleiben.

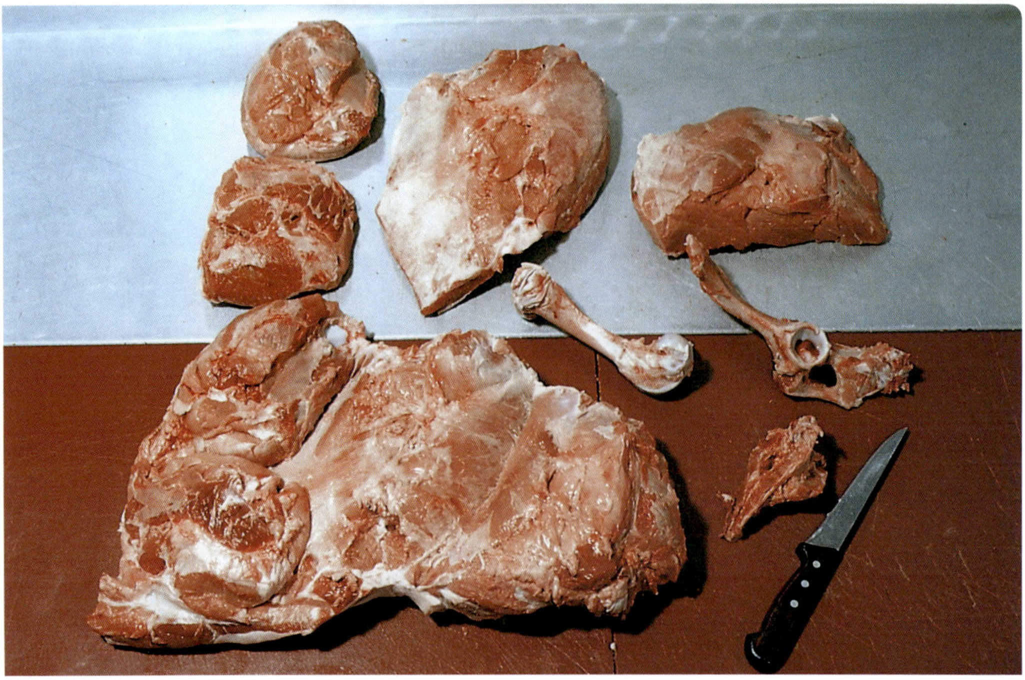

Unten: ausgebeinter Schlegel. Oben von links nach rechts: Nuss (oben) und Hüfte, Unterschale, Oberschale. Darunter: Rohrknochen, Schlossknochen, Schwanzfeder.

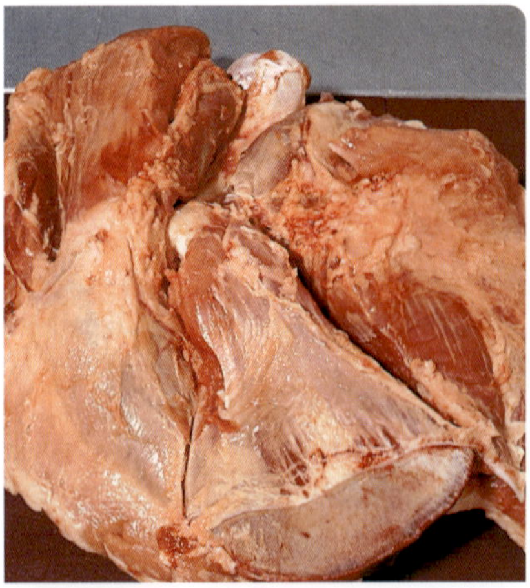

Hier erkennt man die gezogenen Schnitte an den Schulterknochen.

Zerlegen der Schweineschulter (Bug)

Hier wird zunächst die Vorderhaxe im Ellbogengelenk abgetrennt. Das ist schwieriger als beim Schlegel, denn dieses Gelenk geht „um die Ecke“. Nun werden der Rohrknochen und die Schaufel freigelegt, wobei am Rohrknochen ebenfalls im 45-Grad-Winkel begonnen wird. Der erste Schnitt erfolgt am langen Winkel der beiden Knochen. Der Schnitt führt um den Knochenkopf, wo Rohrknochen und Schaufel verbunden sind, und endet an der Schaufelspitze. In der Schaufelgegend darf nicht zu tief und muss genau am Knochen geschnitten werden, damit das „Falsche Filet“ nicht verletzt wird.

Der zweite Schnitt führt an der Innenseite der Knochen entlang. Auf der Schaufel ist noch Fleisch, der sogenannte Blattdeckel. Dieser wird am Gelenkkopf gelöst und mit dem Messer heruntergekratzt. Nun wird das Schultergelenk durchtrennt. Danach drückt man mit dem Bauch die Schaufel nach unten und löst den Schaufelkopf exakt

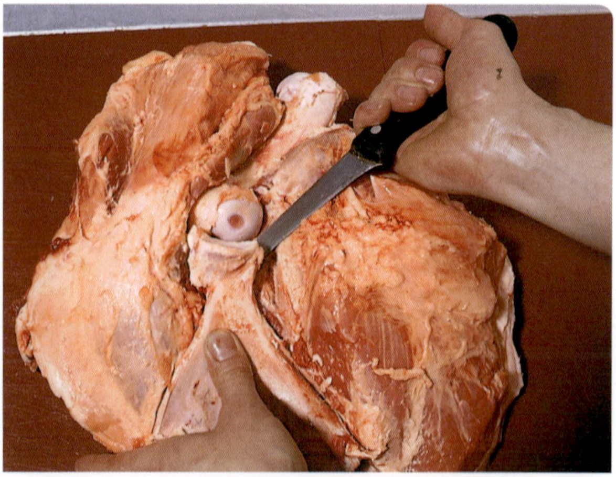

So wird der Schaufelkopf herausgelöst.

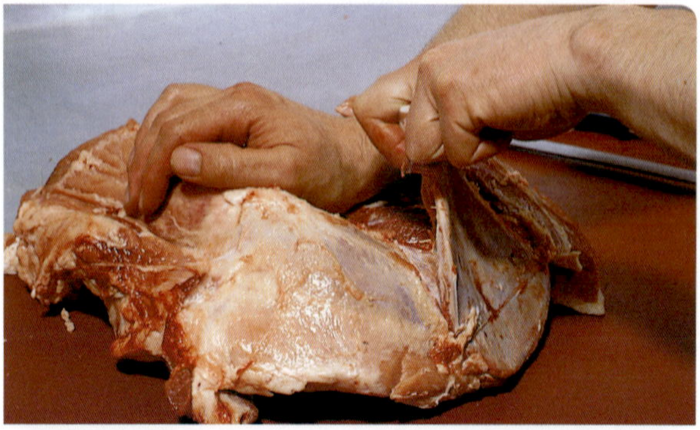

Die Schaufel zieht man vorsichtig mit der Hand heraus.

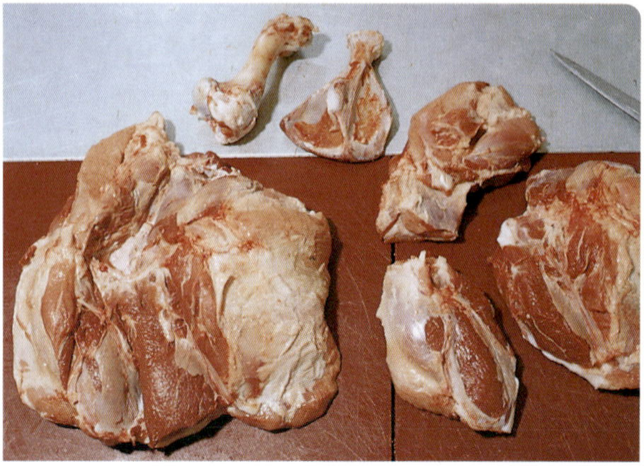

Fleischteile des Bugs. Oben: Rohrknochen und Schaufel. Darunter von links nach rechts: ausgebeinter Bug, Schaufelstück und runde Schulter, dicker Bug.

mit dem Messer. Jetzt wird der Bug mit der einen Hand am Kopf des Rohrknochens angehalten und mit der anderen Hand die Schaufel herausgezogen.

Das Auslösen des Rohrknochens und das Abschwarten erfolgen genauso wie beim Schlegel. Mit einem winkligen Schnitt durch die Schultermitte wird aufgeteilt in den dicken Bug (Schulterbraten) und das Schaufelstück mit runder Schulter.

Ausbeinen des Schweinehalses

Zunächst wird der Knorpel aus dem Hals gelöst. Dazu schneidet man genau an der Ober- und Unterseite des Knorpels entlang, ohne dabei zu tief zu schneiden. Beim weiteren Ausbeinen erfolgt die Messerführung exakt am Knochen. Dies erfolgt durch kleine Schnitte, damit das Fleisch möglichst wenig verletzt wird.

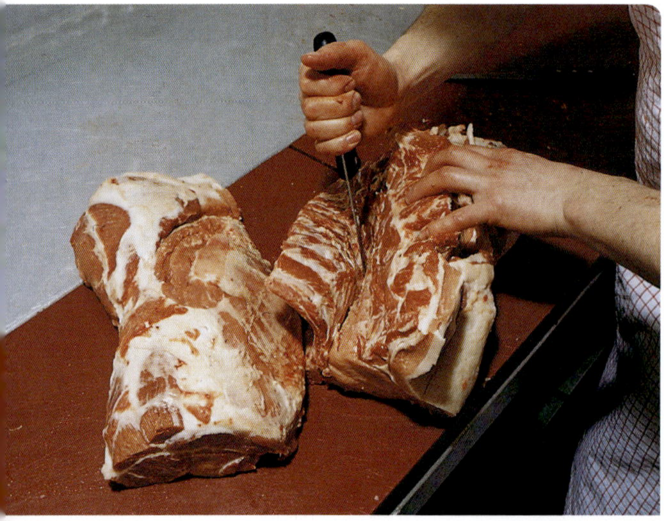

Um den Hals fachgerecht auszubeinen, muss der Schnitt möglichst direkt am Knochen erfolgen, ohne das Fleisch zu verletzen.

Bearbeitung des Kotelettstrangs

Werden „Rippchen gegart“ hergestellt, werden die Knochen nicht ausgelöst. Nach dem Garen und Erkalten der Rippchen werden sie in etwa 2 cm dicke Scheiben geschnitten. Beim Schneiden richtet man sich nach den Rippen. Nach Möglichkeit sollte eine Rippenbreite ein Rippchen sein.

Werden die „Rippchen“ zu dick, schneidet man zwischen den Rippen ein sogenanntes „blindes Rippchen“ heraus, das ist ein Rippchen ohne Rippenknochen. Hierfür wird nicht genau zwischen den Rippen geschnitten, sondern an einem Kotelett genau links und am nächsten genau rechts an der Rippe entlang. Das Stück in der Mitte hat dann also nur den ganz geringen Knochenanteil des Rückgrats.

Die vorgeschnittenen Rippchen werden mit dem Handspalter einzeln abgehackt. Dabei sollte man mit der einen Hand das abzuhackende Rippchen wegziehen, damit man sich nicht verletzt.

Beim Ausbeinen des Kotelettstrangs geht man analog wie beim Hals vor. Wenn man auf genaues Arbeiten Wert legt, löst man die Rippen mit dem Messer und zieht sie mit einer Schlinge heraus, der Rest wird ausgebeint. Das Lösen der Rippen wird unter „Ausbeinen des Schweinebauches“ genauer erklärt.

Ausbeinen des Schweinebauches

Wenn man den Schweinebauch nicht ausbeint, also die Rippen im Fleisch bleiben, wird er nur zugeschnitten. Die andere Möglichkeit ist, Schälrippchen herzustellen. Dabei werden die Rippen in einem Stück mit dem Messer heruntergeschnitten. Bei einer dritten Möglichkeit werden die Rippen herausgezogen, dazu wird jede Rippe genau am

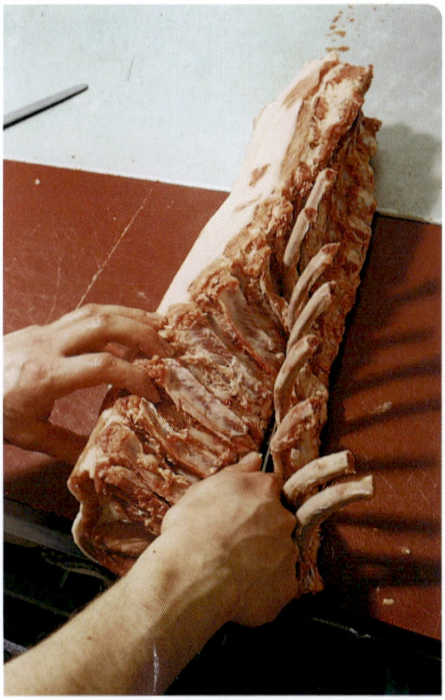

Beim Ausbeinen des Kotelettstrangs werden die Rippen vorsichtig mit dem Messer gelöst und anschließend herausgezogen.

Durch dieses Abschälen der Rippen erhält man die Schälrippchen.

Auf der Bauchseite werden die Rippen angeschnitten, damit sie herausgezogen werden können.

So werden die Rippen mithilfe der Schnurschlinge aus dem Fleisch gezogen.

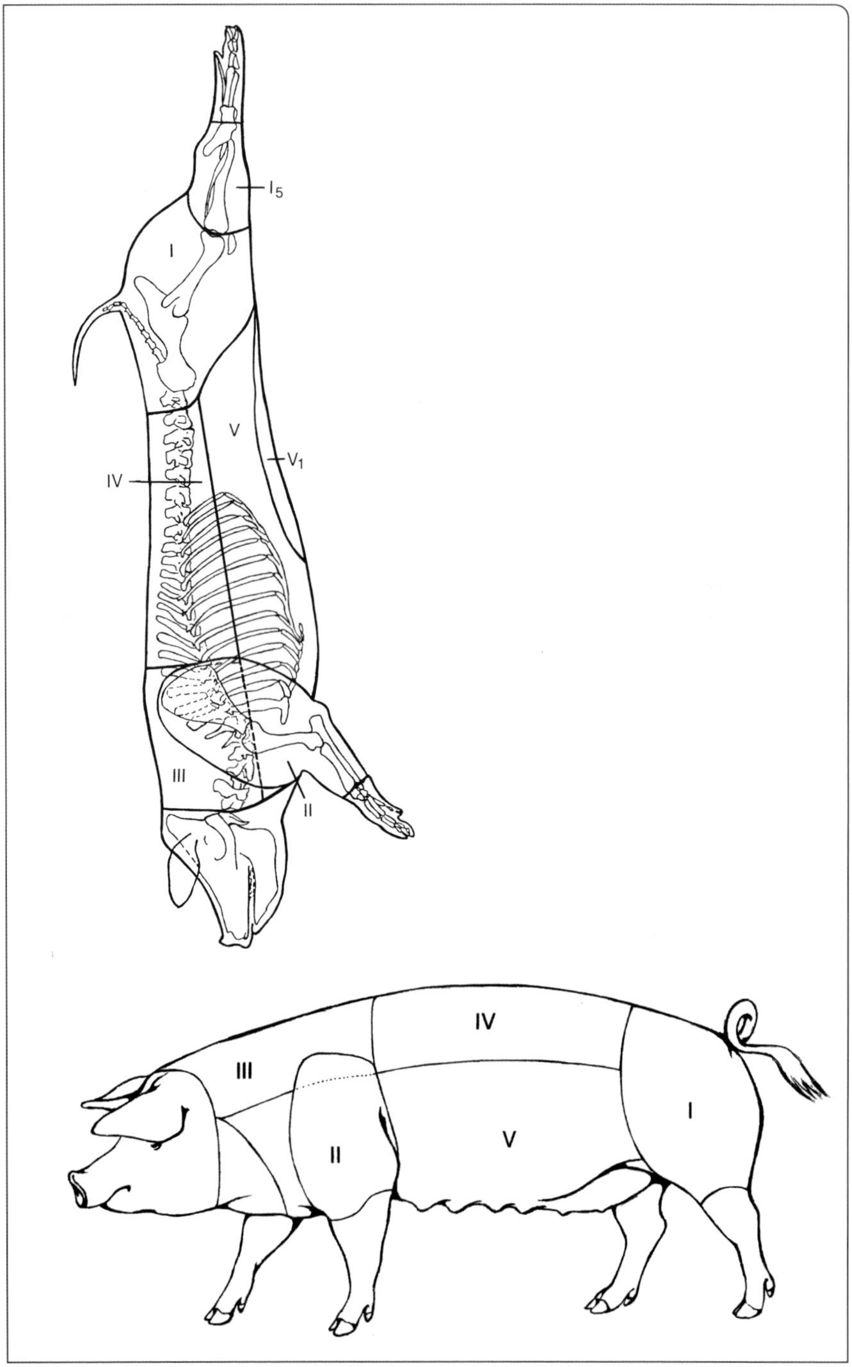

Die Fleischteile des Schweins. Die einzelnen Teile werden in der nebenstehenden Tabelle erläutert.

Verwendung der einzelnen Fleischteile

Fleischteil	Rohschinken	Kochpökelwaren	Sonstiges
I Ganze Keule	Luftgetrockneter Knochenschinken (hier nicht beschrieben)	–	–
Unterschale	Wacholderschinken Kräuterschinken Luftgetrockneter Schinken	Kochschinken	–
Oberschale	Wie oben (in der Regel zu teuer)	–	–
Unter- und Oberschale	–	Kochschinken	–
Unterschale, Nuss, Hüfte	Rohschinken ohne Knochen	–	–
Nuss	Nussschinken	–	–
Eisbein (I_5)	–	–	Eisbein in Aspik Eisbein gepökelt und gegart Eisbein gesalzen und gegrillt
II Dicke Schulter	Geräucherte Schulter	Vorderschinken	–
III Hals mit Knochen	–	Halsripple	–
Hals ausgebeint	Geräucherter Hals	Kaiserfleisch Schweinehals gepökelt und gegart Schweinehals gepökelt und gegrillt	Vesperfleisch
IV Kotelett mit Knochen (Karree)	–	Ripple	–
Kotelette ohne Knochen (Lachs)	Lachsschinken	Kasseler	Vesperfleisch
V Schweinebauch mit Griff (V_1)	Geräucherter Schweinebauch Hamburger Rauchfleisch	Schweinebauch gepökelt und gegart Schweinebauch gepökelt, gegrillt und geräuchert	Vesperfleisch Schweinebauch geräuchert und gegart
Masken (ausgebeinter Schweinskopf)	–	–	Maske gepökelt und gegart – Vesperfleisch oder zur Weiterverarbeitung für Kochwurst
Zunge	–	–	Gepökelt und gekocht – Vesperfleisch oder zur Weiterverarbeitung für Kochwurst
Fleischreste	–	–	Kleinfleisch gepökelt
Knochen	–	–	Fleischrippchen gepökelt Schäufele Knöchle gepökelt und gegart Knöchle gepökelt und gegrillt

Was bedeutet PSE- und DFD-Fleisch?

Sowohl PSE- als auch DFD-Fleisch sind als Rohmaterial nicht geeignet beziehungsweise beeinträchtigen auf jeden Fall die Qualität. Daher sollte jeder Schinkenhersteller wissen, was die Bezeichnung bedeutet.

PSE ist die Abkürzung für pale, soft, exudative = blass, weich, wässrig.

DFD bedeutet dark, firm, dry = dunkel, fest, trocken.

Das Auftreten der PSE- und DFD-Konsistenz von Fleisch ist sehr stark von der Behandlung der Tiere vor der Schlachtung abhängig.

Bei PSE-Fleisch geht der Säuerungsprozess nach der Schlachtung zu schnell vor sich. Schon kurz nach der Schlachtung sinkt der pH-Wert auf Werte von unter 5,8. Es kommt hauptsächlich bei Schweinen und hier wiederum bei den Fleischteilen Schlegel, Kotelett und Schulter vor. Außerdem spielen die Rasse und die Fütterung der Tiere eine Rolle. Der Konsumentenwunsch war beim Schwein, immer noch mehr Muskelpartien und einen höheren Magerfleischanteil zu erzielen. Das verstärkte auch die PSE-Bildung zunehmend.
Bei der Schinkenherstellung wird dadurch häufig der Umrötungsprozess gehemmt. Es kann auch zu säuerlichem Beigeschmack kommen. Zudem ist der Wasseranteil am Fleisch sehr hoch und somit auch der Gewichtsverlust beim Endprodukt.

DFD-Fleisch hat einen pH-Wert von etwa 6,2 bis 6,7 und kommt auch häufig bei Schweinen vor. Dabei tritt das Gegenteil ein, nämlich der Säuerungsprozess geht zu langsam vor sich. Das Fleisch hat eine leimige, fast klebrige Beschaffenheit und macht einen eher nicht ausgebluteten Eindruck. Das Salzaufnahmevermögen dieses Fleisches ist eingeschränkt, daher ist es für Rohschinken nicht geeignet.

Knochen links und rechts angeschnitten. Achtung: Nicht zu tief schneiden!

Diese Schnitte werden jeweils vom Knorpel, der im Fleisch liegt, bis ans Rippenende geführt. Nun wird der Bauch an die Tischkante gelegt und mit einer Hand auf den Tisch gedrückt. Mit der anderen Hand werden mit dem Messerrücken die Rippenenden freigelegt, anschließend wird der Bauch gedreht. Die Rippen können nun mit einer Schnurschlinge herausgezogen werden.

An der Brustspitze geht das meistens schlechter. Am besten schält man daher die Brustspitze wie oben beschrieben ab. Der Knorpel kann sofort oder erst beim späteren Verzehr herausgetrennt werden. Außerdem gibt es einen speziellen Rippenzieher. Dieses Werkzeug hat eine U-förmige Klinge und einen Griff. So können sehr gut die Rippen herausgezogen werden.

Zerlegen von Schaf und Ziege

Wie die anderen Schlachttiere werden auch Schafe und Ziegen zunächst in die groben Teile zerlegt. Die Tiere sind dabei in der Regel in der Mitte nicht gespalten.

Zunächst werden beide Schultern abgetrennt. Dann schneidet man auf beiden Seiten den Bauch vom Schlegel aus entlang des Rückens bis zu den Rippen ab. Nun werden die Rippen zwischen Brust und Rücken durchgesägt. Der Bauch bleibt mit der Brust an einem Stück. Jetzt sind der Rücken mit dem Hals und die beiden Schlegel übrig. Die Filets bleiben am Rücken.

Werden die Schlegel ausgebeint, müssen die Lendenköpfe ausgelöst werden, ansonsten bleiben sie beim Schlegel. Der Rücken wird dort abgesägt, wo die Schlossknochen beginnen. Nun

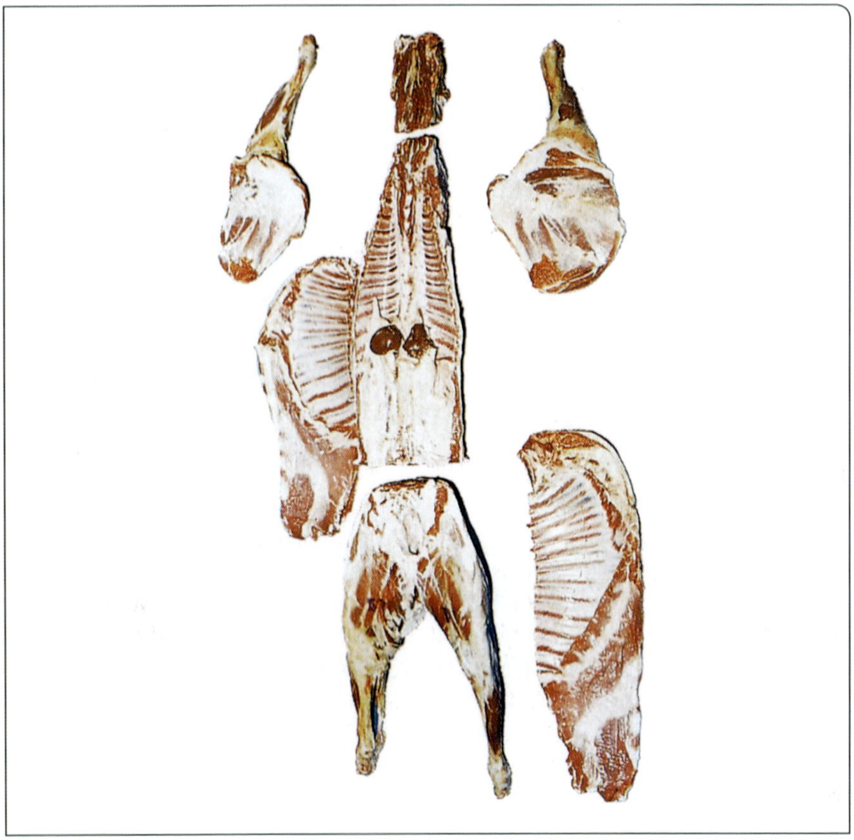

Grob zerlegtes Schaf.

Die Fleischteile des Schafes.

trennt man die beiden Schlegel in der Mitte. Der Hals wird im Bereich der Knorpel vom Rücken getrennt, wobei die Knorpel am Hals bleiben.

Die groben Fleischteile sind Keule, Schulter (Bug), Brust, Rücken und Hals.

Bei einer Hausschlachtung ist es oft üblich, die groben Teile mit dem Fleischerbeil in Portionen zu zerhacken, sodass die Knochen im Fleisch bleiben. Soll Schinken hergestellt werden, ist das nicht möglich. Entweder werden die Keulen und Schultern nach Abtrennen der Haxen beziehungsweise des Rückens komplett eingesalzen oder sie werden auch ausgebeint. Es können auch Teilstücke mit Knochen eingesalzen werden.

Die Schulter kann im Schultergelenk quer durchtrennt werden. Das ergibt zwei schöne Fleischteile. Man kann mit dem Messer auch im inneren Winkel entlang des Rohrknochens und der Schaufel den „dicken Bug“ abtrennen und hat so ein gutes Fleischteil zum Räuchern.

Die Keule kann komplett ausgebeint werden. Es sollten dann aber nur Haxe und Oberschale abgelöst und der Rest am Stück belassen werden. Zum Einsalzen sind die Einzelteile eher zu klein.

Man kann an der Keule auch entlang des Schlossknochens schneiden. Dieser wird nicht ausgelöst, sondern das Hüftgelenk wird durchtrennt. Anschließend wird der Schnitt im rechten Winkel zur Keule fortgesetzt. Die Haxe wird ebenfalls abgetrennt. Der Rohrknochen verbleibt in der Keule und wird nach dem Räuchern vor dem Aufschneiden des Schinkens „hohl“ ausgelöst. Dabei werden die beiden Knochenköpfe gelöst und mit dem Messer von beiden Seiten am Rohrknochen entlang geschnitten. Dabei sollte das Fleisch möglichst wenig verletzt werden. Der Knochen wird mit dem kleinen Kopf durch den Schlegel gezogen. So hat man beim Aufschneiden schöne Fleischscheiben.

Der Bauch kann trocken eingesalzen und gerollt in ein Netz gezogen werden. Anschließend wird er geräuchert. Das Gleiche gilt für die Brust. Diese muss vorher ausgebeint werden. Hals und Rücken können mit oder ohne Knochen eingesalzen und geräuchert werden.

Zutaten

Salz

Kochsalz

Chemisch besteht Kochsalz zu fast 100 Prozent aus Natriumchlorid (NaCl). Von Bedeutung ist hierbei das Vollsalz, welches in der Regel im Bergwerk als sogenanntes Steinsalz gewonnen wird. Hochwertiger ist dagegen Meersalz. Es ist meistens milder und hat zudem mehr Spurenelemente und Nebensalze. Bei der Trockenpökelung von Rohpökelwaren wird grobkörniges Meersalz bevorzugt, da es sich langsamer auflöst; so ist die Salzwirkung intensiver.

Nitritpökelsalz (NPS)

Dass Fleisch nicht grau, sondern rötlich aussieht, bewirkt das Nitritpökelsalz. Es entsteht dadurch, dass normalem Kochsalz 0,4 bis 0,5 Prozent Natriumnitrit ($NaNO_2$) beigemischt wird. Die Herstellung darf nur von speziellen Firmen durchgeführt werden.

In den vergangenen Jahren kam das Pökelsalz in Verruf wegen seiner möglichen gesundheitsschädlichen Wirkung. Die Gefahr besteht vor allem, wenn Fleisch- und Wurstwaren in erhitztem Zustand verzehrt werden. Dabei bilden sich Nitrosamine, die eine krebserregende Wirkung haben sollen.

Neben der Umrötung bewirkt der Pökelstoff eine Hemmung bestimmter Mikroorganismen, welche die Reifung der Schinken erschweren würden.

Lachsschinken: links ausschließlich mit Kochsalz, Mitte ¼ NaCl und ¾ NPS, rechts ausschließlich NPS (mit jeweils 3 g Zucker).

Gewürze

Sämtliche Gewürze sind Pflanzenteile oder Auszüge davon. Sie können als Samen, Blätter, Früchte, Blüten, Rinde oder Wurzeln vorkommen. Sie können aromatisch, scharf, bitter und brennend sein. Durch Zugabe unterschiedlicher Gewürze beziehungsweise durch die Wahl der richtigen Menge der einzelnen Gewürze kann man den einzelnen Produkten jeweils eine individuelle Note verleihen.

Bei den Profis werden auf diese Weise häufig berühmte Spezialitäten hergestellt. Hierbei sind die individuellen Zusammensetzungen der einzelnen Gewürzmischungen oft höchst geheim und die Rezepte werden ausschließlich an die nächste Generation weitergegeben. Der Hobbyhersteller kann dabei natürlich der eigenen Fantasie freien Lauf lassen.

Grundsätzlich ist die Schinkenherstellung ohne Gewürze jedoch möglich und wird in der Praxis, vor allem in Fleischereien, auch praktiziert. Eine Wurst ohne Gewürze wäre hingegen ungenießbar.

In diesem Buch werden auch einige Rezepte ohne Gewürze, vor allem bei den Kochpökelwaren, beschrieben. Sofern bei der Schinkenherstellung Gewürze verwendet werden, werden in der Regel geringere Mengen benötigt als bei der Wurstherstellung.

Naturgewürze und Kräuter

Beim Einkauf der Gewürze sollte auf höchste Qualität geachtet werden. Das geschieht am besten im Lebensmittelladen, wo die Gewürze sehr übersichtlich aufgereiht sind. Größere Mengen können durchaus kostengünstiger und mit hohem Qualitätsstandard beim Fleischereibedarfshandel bezogen werden. Eine große Vielfalt bieten auch Stände auf Jahrmärkten oder Messen an.

Bei der Schinkenherstellung werden häufig „ganze Gewürze" wie zum Beispiel Pfefferkörner, Wacholderbeeren, Knoblauchzehen oder Knoblauch geschnitten sowie Zwiebelringe und vieles mehr verwendet. Vor allem werden diese ganzen Gewürze meist bei der Herstellung von Gewürzlaken eingesetzt und nach dem Aufkochen abgeseiht.

Bis auf wenige Ausnahmen werden dieselben Gewürze wie bei der Wurstherstellung verwendet. Bei der Schinkenherstellung werden allerdings weder Muskat noch Muskatblüte verwendet, da beides dem Endprodukt eine Bitter-

Für die Schinkenherstellung werden oft ganze Pfefferkörner verwendet.

Nicht wegzudenken: Naturgewürze.

note verleihen würde. Bei der Wurstherstellung finden dagegen Wacholderbeeren und Lorbeerblatt keine Verwendung.

Fertigmischungen

Bei der Wurstherstellung im gewerblichen Bereich ist es nahezu schon üblich, Fertigmischungen von Gewürzen zu verwenden, das heißt, man setzt für jede Wurstsorte eine spezielle Mischung ein. Das vereinfacht natürlich die Fabrikation, auf der anderen Seite ist die Geschmacksnote recht einheitlich. Auch für die Schinkenherstellung, vor allem von Rohschinken, gibt es Fertigmischungen an Gewürzen und Kräutern. In der Regel ist die Gebrauchsanleitung mit dabei. Somit ist das Einsalzen und Würzen recht unkompliziert.

Auf der anderen Seite ist es ein Anreiz bei der eigenen Herstellung, dass man dem Endprodukt eine individuelle Note verleihen möchte. Beim Einsatz von Fertigmischungen ist dies nur durch Zugabe zusätzlicher Naturgewürze oder Kräuter möglich. Ein weiterer Nachteil ist, dass im Fachhandel oft nur größere Gebinde erhältlich sind. Das ist oft eine teure Angelegenheit und zudem braucht man verschiedene Mischungen.

Abwiegen von Gewürzen und Zusatzstoffen

In den Rezepten sind bei den Gewürzen und Zusatzstoffen oft sehr kleine Mengen, wie zum Beispiel 0,25 g, angegeben. Dafür wurde absichtlich auf Angaben wie Prise, Messerspitze, Kaffeelöffel oder Teelöffel verzichtet. In vielen Haushalten sind heutzutage schon elektronische Waagen vorzufinden, die sehr genau auf 1 g oder sogar im Zehntel-Gramm-Bereich abwiegen. Die Preise dieser Geräte sind durchaus erschwinglich.

Wer über kein so genaues Gerät verfügt und es sich auch nicht anschaffen will, sondern lieber mit den oben angeführten Einheiten arbeiten möchte, kann sich an folgender Methode orientieren:

Man nimmt zum Beispiel zehn Prisen Pfeffer und wiegt diese ab. Es kommen dabei etwa 15 g heraus. Diese dividiert man durch 10 und erhält 1,5 g. Das ist somit gleichzeitig also das Gewicht einer Prise. Dieselbe Methode kann man mit Mengenangaben wie Messerspitze, Kaffeelöffel oder Teelöffel anwenden.

Für Salz empfiehlt es sich, ein etwas größeres Maß zu nehmen, wie man es häufig für die Einnahme von flüssigen Arzneimitteln verwendet. Ein ausgedientes kleines Maß vom Hustensaft kann durchaus praktisch sein, weil es außerdem häufig noch in kleinere Einheiten unterteilt ist und man somit auch sehr geringe Mengen abmessen kann.

Hilfs- und Zusatzstoffe

Zucker

Durch Zugabe von Zucker wird zum einen dem Salz die Schärfe genommen. Das Endprodukt schmeckt dadurch milder. Auf der anderen Seite wird durch Zucker dem Fleisch Wasser entzogen und der Reifeprozess beschleunigt. Außerdem fördert Zucker den Umrötungsprozess.

Die Beeinflussung durch verschiedene Zuckerarten hat eher bei der Rohwurstherstellung, aber weniger bei der Schinkenherstellung eine Bedeutung. In den beschriebenen Rezepten wird ausschließlich normaler Haushaltszucker verwendet. Werden ausschließlich Kochsalz und Zucker eingesetzt, ist der Umrötungsprozess eher dürftig. Die Zugabe sollte bei 3 bis 4 g/kg Fleisch liegen.

Salpeter

Salpeter hat auch eine keimabtötende und umrötende Wirkung bei der Schinkenherstellung. Seit dem Einsatz von Nitritpökelsalz ist Salpeter jedoch bedeutungslos geworden. Bei Salpeter handelt es sich um Salze der Salpetersäure. Es gibt Salpeter als Natriumsalpeter ($NaNO_3$) und Kalisalpeter (KNO_3). Bei der Schinkenherstellung wird ausschließlich Kalisalpeter eingesetzt. Bei der Salpeterpökelung geht der Umrötungsprozess langsamer vor sich als beim Einsatz von Nitritpökelsalz.

Salpeter wird immer zusammen mit Kochsalz verwendet und dann nur in geringer Menge wie etwa 0,25 g/kg Fleisch! Größere Mengen können gesundheitsschädlich sein. Deshalb sollte der Hobbyproduzent lieber gleich auf den Einsatz verzichten. Gleichzeitige Verwendung von Salpeter und Nitritpökelsalz ist nur unter ganz bestimmten Bedingungen erlaubt.

Starterkulturen

Bis die Fleischteile in die eigentliche Produktion wandern, sind sie häufig schon mit schädlichen Bakterien behaftet. Die tatsächlich benötigten nützlichen Bakterien sind nur in der Minderzahl vorhanden.

Daher wurden in der Forschung bestimmte nützliche Bakterienstämme herausgezüchtet. Sie stehen in gefriergetrockneter und gefrorener Form zur Verfügung. Die Anwendung dieser Starterkulturen ist sehr einfach und bringt Sicherheit beim Endprodukt. Der Einsatz dieses durchaus positiven Hilfsmittels hat beim Hobbyproduzenten so gut wie keine Bedeutung. Man sollte lieber ein Augenmerk auf einwandfreies Rohmaterial legen.

Umrötehilfsmittel

Wie bereits beschrieben, erfolgt die Umrötung in der Regel durch Zugabe von Nitritpökelsalz. Durch das „Rötemittel", wie es in der Umgangssprache heißt, wird dieser Prozess intensiviert. Bei diesem Rötemittel handelt es sich um Ascorbinsäure (Vitamin C). In jedem Fall kann dadurch der Einsatz von Nitritpökelsalz verringert werden.

Salzen und Pökeln

Warum eigentlich salzen?

Haltbarkeit

Unter Salzen und Pökeln versteht man das Haltbarmachen von Fleisch durch die Einwirkung von Salz. Dabei spricht man bei der Verwendung von Kochsalz in der Regel von Salzen. Wird Nitritpökelsalz eingesetzt, spricht man von Pökeln. Der Arbeitsvorgang und die Wirkung sind gleich. Man sollte sich bei den Rezepturen also nicht verwirren lassen, wenn einmal von Salzen und einmal von Pökeln gesprochen wird.

Bei der Fleischkonservierung entzieht es dem Fleisch Wasser, sodass der Trocknungsprozess schneller vonstattengeht, und hat gleichzeitig selbst eine konservierende Wirkung. Man spricht auch von einem Hemmer bei der Ausbreitung von Bakterien oder einem Abtöter von Bakterien. Zudem wird durch Salz die Bindung von Eiweiß bei der Herstellung von Wurstwaren gefördert. Schon rein aus diesem Gesichtspunkt könnte eine Brühwurst ohne Zugabe von Salz erst gar nicht hergestellt werden.

Umrötung

Beim Pökeln findet außerdem ein Umrötungsprozess statt. In der Fleischerei wird in der Regel genau aus diesem Grund bis auf wenige Ausnahmen (zum Beispiel Bratwurst, Hausmacher Kochwurst) nur mit Nitritpökelsalz gearbeitet. Der Hobbywurster kann durchaus nur Kochsalz einsetzen oder alternativ beides mischen.

Würze

Bei der Fleisch- und Wurstwarenherstellung geht ohne Salz gar nichts. Welche Art von Salz verwendet wird, bleibt aber jedem selbst überlassen. Sofern man Salz als Gewürz bezeichnen kann, ist es das wichtigste Gewürz. Es gibt kein Fleisch- oder Wurstprodukt, bei dem kein Salz verwendet wird.

Dafür ist es aber auch sehr schwierig, die richtige Salzmenge dem Produkt beizumischen. Nur etwas zu viel Salz verwendet und das Produkt schmeckt schon zu scharf, bei zu wenig Salz schmeckt das Produkt fad.

Behandlung des Fleisches vor dem Salzen

Bei der Behandlung des Fleisches muss ganz klar unterschieden werden, ob die entsprechenden Fleischteile gekauft oder ob Tiere aus eigener Haltung verwertet werden.

Aus eigener Schlachtung

Bei eigenen Tieren sollte man vor und bei der Betäubung darauf achten, dass sie nicht unnötig gestresst werden, denn jede Aufregung wirkt sich negativ auf die Fleischbeschaffenheit und auf das spätere Endprodukt aus. Nach der Schlachtung sollte das Fleisch so schnell wie möglich heruntergekühlt werden. Die ideale Umgebungstemperatur liegt bei 1 bis 2 °C.

Nach zwei Tagen sollten die Schlachtkörper zerlegt und anschließend gepökelt werden. Dabei darf die Kühlkette möglichst nicht unterbrochen werden, das heißt, es sollte in kühlen Räumen gearbeitet werden. Das Fleisch muss zwischen den einzelnen Arbeitsschritten immer wieder auf die oben genannten Temperaturen herabgekühlt werden.

Der Pökelraum hat dagegen eine Temperatur von etwa 4 bis 5 °C. Durch diese Temperaturdifferenz ist die Aufnahmebereitschaft des Fleisches für das Salz besser und der Pökelvorgang wird beschleunigt.

Zugekauftes Fleisch

Gekauftes Fleisch muss so früh wie möglich nach der Zerlegung beim Lieferanten abgeholt werden. Das zerlegte Fleisch sollte außerdem am Haken hängen und nicht in Wannen im eigenen Fleischsaft liegen, wo sich unnötig Bakterien vermehren. Auch hier darf die Kühlkette nach Möglichkeit nicht unterbrochen werden.

Herstellen einer Lake

Eine Lake ist eine Mischung aus Wasser und Salz. Bei der Herstellung ist darauf zu achten, dass das Salz im Wasser vollständig aufgelöst wird. Dies geschieht durch kräftiges Umrühren. Es sollte darauf geachtet werden, dass sich am Boden des Gefäßes kein unaufgelöstes Salz mehr befindet.

Diese Pökellake wird zur Nass- und Schnellpökelung von Fleisch verwendet. Bei der Nasspökelung von Rohschinken ist zu empfehlen, die Lake zu erhitzen und leicht aufkochen zu lassen. Dadurch werden eventuell vorhandene Keime abgetötet. Jedoch muss darauf geachtet werden, dass nach dem Abkochen die Lakestärke (siehe unten) noch stimmt. Die Lake darf nur nach vollständigem Erkalten weiterverwendet werden.

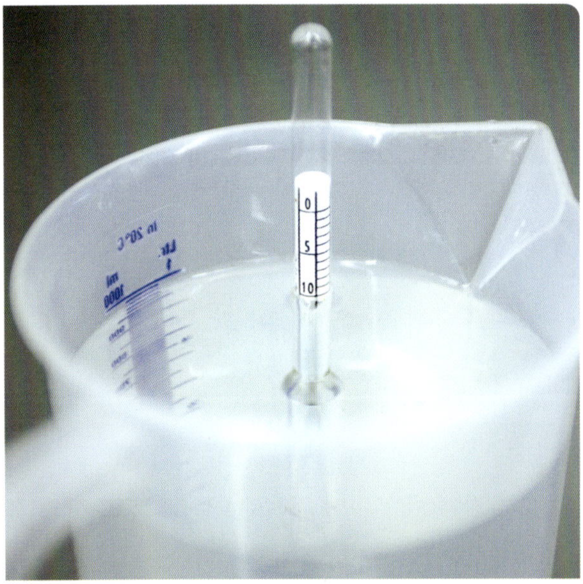

Beim Herstellen einer Pökellake muss darauf geachtet werden, dass sich das Salz vollkommen auflöst und die Lakestärke stimmt.

Gewürzlake

Wie es der Name schon sagt, werden bei der Herstellung dieser Lake Gewürze mitverwendet. Das gibt den entsprechenden Endprodukten nicht nur eine feinere Note, sondern verleiht ihnen oft den typischen Geschmack wie zum Beispiel beim Wacholderschinken.

Zunächst wird die Lake, wie oben erwähnt, hergestellt. Dann werden die Gewürze und/oder Kräuter zugegeben. Die Gewürzlake muss in jedem Fall aufgekocht werden, darf aber später auch nur kalt verwendet werden. Vorher werden die Gewürze und Kräuter abgeseiht. Durch das Aufkochen der Lake verdunstet ein Teil des Wassers. Somit ändert sich die Lakestärke. Deshalb muss auch hier die Lakestärke erneut kontrolliert und gegebenenfalls korrigiert werden.

Lakestärke

Die Lakestärke wird in Baumé-Grad, umgangssprachlich aber nur Grad genannt, gemessen. Je stärker die Lake ist, desto höher ist der Salzgehalt. Bei der Herstellung der Lake und der Ermittlung der Salzkonzentration sollte möglichst genau gemessen werden, denn davon hängt in nicht unerheblichem Maße die Qualität des Endprodukts ab. Zu starke Lake führt zu versalzener Ware, zu schwache Lake führt zu Produkten, die nicht haltbar sind.

Laketabelle

Die Lakestärke kann mathematisch ermittelt werden.

Eine Lakestärke von 10 Grad besteht aus neun Teilen Wasser und einem Teil Salz. Berechnet man das auf einen Liter Wasser, so ergibt sich folgender Rechengang:
$(10 \times 100) : 9 = 111\,g$ Salz.

Eine Lakestärke von 12 Grad besteht aus 8,8 Teilen Wasser und 1,2 Teilen Salz. Hierbei ergibt sich folgender Rechengang:
$(12 \times 100) : 8{,}8 = 136\,g$ Salz.

Laketabelle

Grad	Salz/Liter Wasser
1	10 g
2	20 g
3	31 g
4	42 g
5	53 g
6	64 g
7	75 g
8	87 g
9	99 g
10	111 g
11	124 g
12	136 g
13	149 g
14	163 g
15	176 g
16	190 g
17	205 g
18	220 g
19	235 g
20	250 g

Anhand von einer Berechnung beziehungsweise der Tabelle kann die Lake problemlos hergestellt werden. Hierbei ist natürlich sehr wichtig, die Wassermenge genau abzumessen und das Salz richtig abzuwiegen. Wird mehr Lake hergestellt, muss die Literzahl noch mit der Grammangabe beim Salz multipliziert werden. Bei 10 Liter Wasser und 10 Grad Stärke entspricht dies zum Beispiel $10 \times 111\,g = 1110\,g$ oder 1,11 kg Salz.

Hilfsmittel zur Lakeherstellung

Früher gab es zum Herstellen einer Lake keine Messgeräte. Oft durch äußerst primitive Methoden verstanden es die Leute trotzdem, sich zu helfen.

Ein rohes Ei oder eine rohe Kartoffel

Bei der Lakeherstellung wurde früher zum Abmessen ein rohes Ei oder eine rohe Kartoffel verwendet. Diese Methode war durchaus üblich, als die Leute noch keine genauen Gefäße oder Waagen zum Abmessen hatten. Die Kenntnisse darüber wurden oft über Generationen weitergegeben.

Bei dieser Methode wird das Salz ins Wasser eingerührt, anschließend das Ei oder die Kartoffel hineingegeben. Daran, wie das Ei oder die Kartoffel in der Flüssigkeit schwimmt, kann die Lakestärke ermittelt werden.

Diese Methode ist nicht sehr genau und daher nicht unbedingt zu empfehlen, man hat jedoch damit einen ungefähren Anhaltspunkt. Es empfiehlt sich, hierfür einen durchsichtigen Wasserbecher zu verwenden. So kann man genau sehen, wo sich das Ei oder die Kartoffel befindet. Der ungefähre Wert, der hiermit ermittelt werden kann, liegt vor allem in dem Bereich, der zur Herstellung von Rohschinken und Kochschinken benötigt wird.

Lakemessung mit Ei

Hier ein paar Angaben ohne Gewähr:

- Ei im unteren Bereich des Bechers schwimmend: etwa 10 Grad
- Ei stehend schwimmend, nicht ganz oben: etwa 11 Grad
- Ei stehend, leicht über der Oberfläche schwimmend: etwa 12 Grad
- Kartoffel stehend, knapp an der Oberfläche schwimmend: etwa 12 Grad
- Kartoffel liegend, an der Oberfläche schwimmend: etwa 13 Grad

Der Lakemesser

Die wohl sicherste und einfachste Methode, die Lakestärke zu bestimmen, ist die Messung mit der Messspindel, dem sogenannten Lakemesser. Dieses Messgerät besteht aus einer Glasspindel, die unten leicht kugelförmig geformt ist. Damit die Spindel im Wasser steht, befindet sich in dieser Kugel eine bestimmte Menge Bleikügelchen. Der Lakemesser wird nun in die angerührte Lake getaucht.

Die Spindel ist mit einer Skala versehen. Die Stärke kann anhand der schwimmenden Spindel abgelesen werden. Je tiefer die Spindel in der Lake schwimmt, desto schwächer ist die Lake. Es muss darauf geachtet werden, dass die Spindel nicht am Boden anstößt. Stimmt die Lakestärke nicht, muss mit Salz oder Wasser ausgeglichen werden.

Einsalzen der Fleischteile

Das Einsalzen des Fleisches ist die Basis zur Schinkenherstellung. Dabei werden grundsätzlich drei Pökelarten, nämlich die Trocken-, die Nass- und die Schnellpökelung unterschieden. Es gibt jedoch auch kombinierte Methoden, die hier beschrieben werden.

Trockenpökelung

Wenn hier von Trockenpökelung gesprochen wird, so ist eigentlich das Pökeln in der Eigenlake gemeint. Angewandt wird diese Methode hauptsächlich bei der Herstellung von Rohschinken.

Vor dem Pökeln werden die Fleischteile abgewogen, ebenso die notwendigen Zutaten, die gut vermischt werden. Nun werden die Fleischteile sorgfältig mit dieser Mischung eingerieben. Das ist sehr wichtig. Das Salz muss vollständig aufgebraucht sein. Das Einsalzen sollte in einer Schüssel oder Wanne geschehen, damit heruntergefallenes Salz wieder mitverwendet wird. Sollte das Fleisch nicht sorgfältig ausgebeint worden sein, so ist hier darauf zu achten, dass Vertiefungen oder Schnitte besonders gründlich eingerieben werden.

Nun werden die Fleischteile sehr dicht in den Pökelbottich gestapelt. Hier ist es auch möglich, ganze Gewürze wie Zwiebelringe, Wacholderbeeren oder Knoblauchscheiben zwischen die Schichten zu legen. Am Ende wird ein Deckel von 1 bis 2 cm Dicke (am besten aus Kunststoff) auf das Fleisch gelegt und mäßig beschwert. Das kann durch einen sauberen Stein oder mit einem wassergefüllten Gefäß, das in den Pökelbottich passt, geschehen. Wichtig ist, dass der Pökelbottich nicht luftdicht verschlossen wird.

Die Pökeldauer richtet sich natürlich nach der Größe, vor allem aber nach der Dicke der Fleischteile. Man kann ungefähr sagen, dass dünnere Teile wie Schweinebäuche in zehn bis 14 Tagen, dickere Teile wie Unterschalen oder Schultern in drei bis fünf Wochen durchgesalzen sind. Hier spielt natürlich auch die Temperatur eine Rolle. Je kälter die Umgebungstemperatur ist, desto

Nach dem Einsalzen werden die Fleischstücke sehr eng in einen Behälter gestapelt. Jetzt können auch noch Gewürze hinzugefügt werden.

langsamer geht der Pökelprozess vor sich. Wird mit Salpeter anstatt Nitritpökelsalz gepökelt, zieht sich die Pökeldauer ebenfalls in die Länge.

Damit die Pökelung gleichmäßig erfolgt, ist es wichtig, die Fleischteile alle fünf bis sieben Tage umzuschichten, das heißt, die unteren Teile kommen nach oben und umgekehrt.

Die eigentliche Trockenpökelung erfolgt in der Regel nur in Fleischereien oder Großbetrieben. Dazu benötigt man Pökelgefäße mit Ablasshahn am Boden. In den Bottich wird ein Kunststoffrost, noch besser ein Lochblech aus Edelstahl gelegt. Darauf werden die eingesalzenen Fleischteile, wie oben beschrieben, gestapelt. Die durch das Pökeln entstehende Lake läuft durch den Hahn ab. Dadurch wird der Trocknungsprozess des Fleisches beschleunigt.

Nasspökelung

Das Nasspökelung wird meist bei der Herstellung von Kochpökelwaren angewandt. Hier wiederum werden eher kleinere Waren wie Schälrippchen, Knöchle und Ähnliches nach dieser Methode eingesalzen. Dünnere Rohpökelwaren wie Schweinebäuche können ebenfalls nass gepökelt werden.

Das Verfahren ist sehr einfach. Zunächst wird die Lake hergestellt und die Fleischteile werden hineingelegt. Beschwert wird bei dieser Methode nicht. Es ist aber zu empfehlen, einen Lattenrost auf das Fleisch zu legen. Vor allem fettere Teile schwimmen dann und liegen somit nicht in der Lake.

Sollte jemand über keine Lakespritze verfügen, können auch Kochschinken durch Nasspökelung eingesalzen werden. Das dauert aber, je nach Stärke der Fleischteile, drei bis fünf Wochen. Dabei muss die Lake sehr genau kontrolliert werden, damit sie nicht „kippt". Es muss immer wieder eine Geruchs- und Geschmackskontrolle durchgeführt werden. Bei Bedarf muss die Lake abgeschüttet und durch eine neue ersetzt werden.

Lake-Fleisch-Verhältnis

Bei der Nasspökelung muss darauf geachtet werden, dass die Lakemenge in etwa mit der Fleischmenge übereinstimmt. Wird zu viel Lake im Verhältnis zum Fleisch verwendet, erreicht man eine Übersalzung. Bei zu wenig Lake ist die Ware nicht durchgesalzen. Zudem verderben die Lake und natürlich auch das Fleisch schneller.

Man rechnet grob mit einem Lake-Fleisch-Verhältnis von 2 : 3. Man sollte hier immer mit dem gleichen Verhältnis arbeiten, sonst sind die Endprodukte unterschiedlich in der Schärfe. In erster Linie muss deshalb das Pökelgefäß auch der Fleischmenge angepasst sein. So sollte man zum Beispiel für nur 2 kg Fleisch einen 10-Liter-Eimer verwenden. Von Vorteil sind höhere, schlanke Gefäße, denn bei flachen Gefäßen mit wenig Inhalt ist es schwierig, dass alle Fleischteile mit Lake übergossen sind. Zudem muss nicht unnötig Geld für die Herstellung größerer Lakemengen verschwendet werden.

Trocken-Nasspökelung

Vor allem bei der Hausschlachtung oder bei der Hobbyherstellung ist diese Methode sehr bewährt und auch sehr sicher.

Es erfolgt zunächst die Pökelung in Eigenlake. Das Fleisch wird mäßig beschwert. Dann wartet man einige Tage ab, bis sich die Eigenlake gebildet hat. Meist ist das Fleisch dann aber nicht bis oben mit Lake bedeckt. Es würde so nicht nur austrocknen, sondern bekommt auch häufig graue Stellen. Um das zu verhindern, wird mit einer schwächeren Lake (etwa 9 Grad) aufgefüllt, bis alle Fleischteile mit Lake bedeckt sind.

Wurden beim Trockensalzen dem Salz auch Gewürze beigemischt, kann vor dem Aufguss der Lake das Fleisch nochmals aus dem Bottich genommen werden und diese Eigenlake mit der hergestellten Lake vermischt werden. Die oberen Fleischteile kommen nun nach unten und umgekehrt. Das Fleisch wird wieder beschwert und die vermischte Lake wird über das Fleisch gegossen.

Schnellpökelung

Wie es der Name schon zum Ausdruck bringt, wird hier die Pökeldauer drastisch reduziert. Die Lake wird mittels einer Lakespritze in das Fleischinnere gespritzt. Der Pökelprozess verläuft so von innen nach außen. Die Schnellpökelung wirkt sich aber nachteilig auf die Haltbarkeit des Endprodukts aus. So ist diese Methode bei Rohschinken nur geeignet, wenn er nach der Herstellung zügig verzehrt wird. Normalerweise findet die Schnellpökelung aber bei den Kochpökelwaren statt.

Man unterscheidet hierbei zwei Verfahren: das Aderspritzverfahren und das Muskelspritzverfahren.

Beim Aderspritzverfahren wird die Lake mit einer Nadel, die nur vorn geöffnet ist, in die Hauptschlagadern gespritzt. Die Lakeverteilung ist bei dieser Methode zweifelsfrei als ideal zu verzeichnen, da die Lake über die Hauptschlagadern in die Nebenadern zu jeder Stelle im Fleisch gelangt. Exaktes Arbeiten beim Zerlegen ist hier aber die Grundvoraussetzung. Es dürfen keine Adern verletzt werden. Diese Methode wird allerdings nur noch sehr selten angewandt.

Beim Muskelspritzverfahren wird mit einer Nadel gespritzt, bei der die Löcher an der Seite angeordnet sind. Mit dieser Hohlnadel sticht man alle 4 cm längs zur Fleischfaser ein. Während des Spritzvorgangs zieht man die Nadel wieder langsam zurück. So ist gewährleistet, dass die Lake gleichmäßig im Fleisch verteilt ist.

Bei beiden Verfahren ist darauf zu achten, dass die Lake luftfrei in das Fleisch gelangt, denn Luft verursacht am Endprodukt unerwünschte graue Stellen. Sind die Fleischteile gespritzt, kommen sie für zwei bis drei Tage in einen Pökelbottich und werden mit Lake derselben Stärke übergossen. So findet ein restloses, gleichmäßiges Durchpökeln statt.

Lakemenge und Spritzdruck

Wie bei der Nasspökelung hat die Lakemenge Einfluss auf die Qualität des Endprodukts. Grundsätzlich sollte bei beiden Verfahren die eingespritzte Lakemenge bei etwa 6 bis 10 Prozent der Fleischmenge liegen. Wer wenig Übung hat, sollte dies mit der Waage kontrollieren.

Zu wenig Lake bewirkt, dass das Fleisch nicht durchgepökelt ist. Das wirkt sich negativ auf den Geschmack und die Haltbarkeit aus. Wird zu viel Lake eingespritzt, reißen beim Aderspritzverfahren die Adern und die Lakeführung in den Adern wird somit unterbrochen. Die Lake wird dann nicht an alle Stellen im Inneren des Fleischteils

Wird die Lake ins Fleischinnere gespritzt, wird die Pökeldauer dadurch reduziert.

geführt. Beim Muskelspritzverfahren reißen die Muskelverbände. Auch hierbei ist eine gleichmäßige Verteilung der Lake nicht mehr gewährleistet.

Bei modernen Pökelautomaten kann der Spritzdruck eingestellt werden. Er sollte beim Muskelspritzverfahren 1,5 und beim Aderspritzverfahren 2,5 bar nicht überschreiten, sonst treten dieselben Schäden wie oben beschrieben auf. Mit der Handspritze ist das eher Gefühls- und Erfahrungssache.

Durchbrennen und/oder Pressen der Fleischteile

Dieser Vorgang wird ausschließlich bei Rohschneideschinken angewandt, ist aber auch hier kein Muss. Der Durchbrennvorgang verbessert das Endprodukt jedoch in vielfältiger Weise. Durch diese „ruhende" Phase verteilt sich zum einen die Salzkonzentration im Fleisch gleichmäßig. Die Pökelfarbe wird weiter stabilisiert und das Fleischaroma intensiviert. Das Fleisch wird außerdem zarter und mürber, was die Qualität des Endprodukts verbessert. Zudem startet hiermit schon die Trockenphase.

Wird der Durchbrennvorgang bei der Produktion eingefügt, sollte mit höherer Salzkonzentration gearbeitet und hinterher gewässert werden, um Fehlfabrikationen zu vermeiden. Als Faustregel für die Durchbrenndauer gilt grob: ein Viertel bis ein Drittel der Pökelzeit. Durch Sicht- und Geruchskontrolle muss der Prozess genau beobachtet werden.

Für diesen Arbeitsgang wird bei der Nasspökelung das Fleisch aus der Lake genommen und abgewaschen, bei der Trockenpökelung werden das noch anhaftende Salz und die Gewürze vom Fleisch entfernt beziehungsweise ebenfalls abgewaschen.

Alle Pökelarten im Überblick

Pökelart	Was ist zu tun?	Was ist zu beachten?	Anwendung
Trockenpökelung (Pökeln in der Eigenlake)	– Zutaten vorbereiten – Fleisch trocken mit Salz (und Gewürzen) einreiben – Fleischteile dicht stapeln und mäßig beschweren – Je nach Dicke des Fleisches 2 bis 5 Wochen Pökeldauer – Alle 5 bis 7 Tage umschichten	– In einer Schüssel oder Wanne arbeiten, damit kein Salz verloren geht – Salz muss vollständig aufgebraucht werden – Auch Vertiefungen gründlich einreiben – Pökelbottich nicht luftdicht verschließen – Je niedriger die Temperatur, desto länger die Pökeldauer	Rohschinken
Nasspökelung	– Lake herstellen und Fleischteile hineinlegen – Nicht beschweren, aber fettere Teile nur mit einem Rost bedecken, damit sie nicht schwimmen – Pökeldauer je nach Dicke der Fleischteile 1 bis 3 Wochen	– Auf das richtige Lake-Fleisch-Verhältnis achten – Größe des Pökelgefäßes an die Fleischmenge anpassen – Regelmäßige Geruchs- und Geschmackskontrolle der Lake – Falls die Lake „kippt", diese abschütten und durch eine neu angerührte Lake ersetzen	Vor allem Kochpökelwaren und dünnere Rohpökelwaren
Trocken-Nasspökelung	– Zutaten vorbereiten – Fleisch trocken mit Salz (und Gewürzen) einreiben – Fleischteile mäßig dicht stapeln und leicht beschweren – Einige Tage warten, bis sich Eigenlake gebildet hat – Fleisch umschichten – Auffüllen mit schwächerer Lake – Pökeldauer je nach Dicke 2 bis 5 Wochen	– Bei den einzelnen Schritten sind die Aspekte der Trockenpökelung und der Nasspökelung zu beachten – Vorteile aus Trocken- und Nasspökelung werden genutzt	Im Bereich der Hobbyherstellung (sicher), bei Hausschlachtungen üblich
Schnellpökelung	– Lake wird mit einer Lakespritze in das Fleisch gegeben – **Aderspritzverfahren**: Lake wird mittels Nadel in die Hauptschlagader gespritzt (ideale Lakeverteilung) – **Muskelspritzverfahren**: Lake wird mittels Nadel mit seitlichen Öffnungen in das Muskelfleisch gespritzt – Pökeldauer 2 bis 3 Tage	– Lakemenge und Spritzdruck beachten – **Aderspritzverfahren**: Exaktes Arbeiten beim Zerlegen – **Muskelspritzverfahren**: Beim Einspritzen der Lake auf gleiche Abstände achten	Sämtliche Kochpökelwaren (bei Rohpökelwaren nur kurze Haltbarkeit) **Aderspritzverfahren**: Kochpökelwaren, bei denen das Adersystem beim Zerlegen nicht verletzt wurde

In Fleischereien werden die Fleischteile dann auf speziellen Stellagen gestapelt. Bei der Hobbyproduktion kann das Fleisch zum Durchbrennen aufgehängt werden. Ideale Klimabedingungen herrschen bei etwa 3 bis 4 °C, 70 Prozent relativer Luftfeuchtigkeit und leichter Luftumwälzung. Zudem sollte der Raum dunkel sein, da Licht zum Verderb der Ware führt. Wenn das Klima passt, kann der Prozess im Räucherschrank erfolgen.

Will man bestimmte Formen (rund oder eckig) beim Endprodukt erreichen, kann der Durchbrennvorgang auch in speziellen Schinkenpressen stattfinden. Der Hobbyhersteller nimmt dazu ganz einfach eine Kochschinkenform.

Nach Beendigung der Durchbrennphase werden die Fleischteile mit lauwarmem Wasser abgewaschen und wieder für einige Stunden zum Trocknen aufgehängt, bevor mit dem Räucherprozess begonnen wird.

In den Rezepten wird jeweils die für Aussehen, Geschmack und Haltbarkeit erfahrungsgemäß beste Salzart angegeben. Wer auf die Verwendung von Nitritpökelsalz verzichten möchte, kann stattdessen ausschließlich Kochsalz verwenden. Eine gute Alternative ist es, Nitritpökelsalz und Kochsalz gemischt einzusetzen.

Wässern der Fleischteile

Dieser Prozess ist nur notwendig, wenn beim Pökeln mit höherer Salzkonzentration gearbeitet wurde, als es nachher beim Endprodukt gewünscht wird. Warum eigentlich? Umso höher die Salzzugabe beim Pökeln ist, desto geringer ist das Risiko, dass die Ware verdirbt. Aber natürlich ist das Endprodukt hinterher versalzen und somit ungenießbar.

Wird in den Sommermonaten Rohschinken hergestellt oder sind keine ausreichenden Kühlmöglichkeiten vorhanden, sollte die Salzkonzentration erhöht werden. Die Herstellung wird dadurch sicherer. Um die Salzkonzentration wieder herabzusetzen, wird am Ende des Durchbrennvorgangs die Ware gewässert. Die Dauer des Wässerns richtet sich nach der Salzkonzentration im Fleisch und nach der Stärke der Fleischteile. Sie kann von zwei Stunden bis zu einem Tag betragen. Das muss in diesem Fall wirklich ausprobiert werden. Anschließend wird auch hier die Ware zum Trocken- beziehungsweise Räucherprozess aufgehängt.

Räuchern und Garen

Was geht beim Räuchern vor sich?

Räuchern ist ein chemischer Prozess, bei dem durch Hitze beziehungsweise Luftzufuhr Räuchermaterialien zersetzt werden, teilweise auch nur unvollständig. Ausschlaggebend für die Art der Rauchentwicklung ist die Temperatur, bei welcher der Räuchervorgang abläuft.

Hierbei unterscheidet man die Temperaturen beim Verbrennungsvorgang und im Räucherraum. Beim Verbrennungsvorgang entstehen Temperaturen von etwa 250 bis 500 °C, im Räucherraum etwa 15 bis 90 °C.

Nach den Temperaturen im Räucherraum werden auch die Räucherarten unterschieden, und zwar von Kaltrauch bis Heißrauch. Je heißer die Temperaturen beim Verbrennen sind, desto schneller verbrennt auch das Räuchermaterial. Der Extremfall sind offene Flammen. Dabei verdirbt das Fleisch sehr schnell. Es wird rußig, schmeckt verbrannt und wird somit ungenießbar. Die Erfahrungen wird jeder schon einmal beim Grillen gemacht haben. Die Wurst ist außen schwarz und innen noch kalt. Es kann aber auch das Gegenteil der Fall sein: Bei sehr geringer Sauerstoffzufuhr verbrennt das Räuchermaterial zu langsam. Das Ergebnis ist, dass das Fleisch einen säuerlichen Geschmack bekommt.

Beim Räuchervorgang wird dem Fleisch Wasser entzogen. Die am Räuchergut vorbeiziehende trockene Räucherluft nimmt die Feuchtigkeit auf und transportiert sie nach außen. Je mehr geräuchert wird, desto mehr Wasser wird dem Fleisch entzogen. Je größer der Luftzug ist, desto schneller geht der Trocknungsvorgang voran. Das hat aber seine Grenzen. Bei zu starkem Luftzug wird der Rauch zu heiß.

Beim Räuchern entstehen chemische Stoffe wie zum Beispiel Ameisen- und Essigsäure. Durch die Rauchzufuhr entwickelt sich außerdem eine Eiweißkruste außen am Fleisch. Weiterhin ziehen zusätzlich noch Räucherstoffe ins Innere des Fleisches. Durch diese Vorgänge werden die Bakterien, die zum Verderb des Fleisches führen würden, an der Oberfläche abgetötet und am Eindringen ins Innere gehindert.

Durch die Verbrennung des Räuchermaterials werden auch die Geruchs-, Geschmacks- und Farbbildung am Fleisch ausgelöst. Somit können durch den Einsatz verschiedener Räuchermaterialien Geruch und Geschmack beeinflusst werden. Das Gleiche gilt für die Farbe. Es gibt doch nichts Appetitlicheres als einen goldgelb geräucherten Schinken.

Früher wurde in erster Linie geräuchert, um die Fleischwaren zu konservieren. Dabei wurde das Räuchergut oft kräftig geräuchert, um die Haltbarkeit zu verbessern. Heutzutage stehen Geschmack und Farbe im Vordergrund. Demzufolge wird die Ware in der Regel nicht mehr so intensiv geräuchert, denn ein zu intensiver Rauchgeschmack kann sich auf das Endprodukt negativ auswirken.

Räuchermaterialien

Zum Räuchern sollten aus gesundheitlichen Gründen nur natürliche Stoffe verwendet werden. Die größte Bedeutung hierfür haben naturbelassene Sägespäne (Sägemehl) und Scheitholz. Es können aber ebenso Reisig und Zweige verwendet werden. Bei den Hölzern und Sägespänen kommt hauptsächlich Laubholz wie Buche, Eiche, Esche, Ahorn oder Erle infrage. Nadelholz spielt eine eher weniger bedeutende Rolle. Es wird zum Beispiel für die Herstellung von Schwarzgeräuchertem verwendet.

Scheitholz muss gut trocken sein, damit es gut brennt. Es darf ebenso nicht als halb verrottetes Holz im Wald aufgesammelt werden, da es dann oft schon mit Pilzen durchsetzt ist.

Idealerweise werden Sägespäne oder Sägemehl aus trockenem Holz gewonnen. Sollte dies nicht möglich sein, muss das Material schnell trocknen. Sägemehl kann hierfür auf einem Holzboden flach aufgeschüttet werden. Idealerweise ist der Ort zugig. Dann muss das Material öfter gewendet werden, bis es trocken ist. Man kann es auch in luftdurchlässigen Säcken aufbewahren, die man an einem trockenen, luftigen Ort aufhängt.

Räuchermaterial	Farbe
Nadelholz	dunkel bis schwarz
Buche, Ahorn, Esche, Linde	goldgelb
Mahagoni	rotbraun
Eiche, Erle	gelbbraun

Feuchtes Sägemehl brennt ebenso wie feuchtes Holz schlecht oder gar nicht. Außerdem klumpt, fault oder schimmelt feuchtes Sägemehl schnell. Die geräucherte Ware schmeckt dann unangenehm nach Karbol und kann gesundheitsschädlich sein.

Bisher war von Räuchermaterial die Rede, das als Basis verwendet wird. Nicht weniger von Bedeutung ist aber auch die Aromabildung. Das kann in erster Linie durch die Auswahl der Holzart gesteuert werden: Wacholderbeeren, Tannenzapfen, Fichtenzweige, Heidekraut und Ähnliches als Beimischung verfeinern das Aroma oder geben bestimmten Schinkenarten den typischen Geschmack.

Im Fachhandel sind nicht nur Räuchermehl, sondern auch Räucherzusatzstoffe erhältlich.

Die Farbbildung kann stark durch die verschiedenen Räuchermaterialien gesteuert werden. So kann dem Schinken die typische Farbe verliehen werden wie zum Beispiel einem dunklen Schwarzwälder Schinken oder einem goldgelb geräucherten Schweinehals. Es können natürlich auch verschiedene Arten von Sägemehl vermischt werden.

Nur unbehandeltes Holz verwenden

Sämtliches Räuchermaterial darf keine Giftstoffe wie Lacke, Imprägnierungen, Teer, Beizen und so weiter enthalten. Bei Holz aus dem Wald besteht diese Gefahr nicht, ebenso wie bei Brennholz oder Abfällen aus der Brennholzverarbeitung. Unbedenklich sind auch Abfälle aus dem Sägewerk, da hierbei nur Rohmaterial verarbeitet wird. Material aus holzverarbeitenden Betrieben oder altes Bauholz dagegen kann unerwünschte Stoffe enthalten.

Räucherarten

Beim Räuchern unterscheidet man verschiedene Methoden, die in erster Linie von den entsprechenden Temperaturbereichen abhängig sind.

Kalträuchern

Das Kalträuchern hat bei der Schinkenherstellung die weitaus größte Bedeutung. Es werden dabei Temperaturen von etwa 15 bis höchstens 25 °C angestrebt. Natürlich kann der Rauch nicht kälter sein als die Umgebung des Räucherschranks beziehungsweise der Räucherkammer. Das Feuer darf beim Kaltrauch nicht brennen, sondern nur glimmen. Auf gar keinen Fall dürfen Flammenzungen hochschlagen.

Zum Räuchern wird ausschließlich Hartholzsägemehl verwendet. Dabei hat Sägemehl der Rotbuche die größte Bedeutung. Dieses wird am Boden des Räucherschranks oder der Räucherkammer ausgeschüttet und eingeebnet. Die Aufschütthöhe beträgt 5 bis 10 cm. Darüber können nach Wunsch die Räucherzusatzstoffe wie Wacholderbeeren, Fichtennadeln oder Tannenzapfen verteilt werden.

Das Sägemehl wird mit einer angeglühten Kohle angezündet. Im Winter kann hierfür natürlich auch Glut aus dem Kaminofen verwendet werden. Diese wird mit der Kohleschaufel zum Räucherschrank transportiert. Das Stück sollte nicht zu groß sein, da die Temperaturen im Schrank sonst zu hoch werden. Die Kohle wird vorn an der Luftklappe so ins Sägemehl eingebettet, dass das Sägemehl zu glimmen beginnt und dadurch Rauch erzeugt wird. Beim Anzünden werden sämtliche Luftklappen ganz geöffnet, bis das Sägemehl richtig glimmt.

Für die Räuchertemperatur gilt: Je kälter, desto besser – und das ist nicht immer ganz einfach. Es ist ratsam, die Räuchertemperatur zu messen. An vielen Räucherschränken ist bereits ein spezielles Räucherthermometer installiert. Man kann sich aber auch mit einem Fleischthermometer behelfen. Dazu bohrt man ein Loch (Durchmesser der Sonde des Thermometers) in die Tür des Räucherschranks oder der Räucherkammer, sodass man die Sonde des Thermometers hineinstecken kann.

Nun zur Steuerung der Räuchertemperatur: Wenn das Räuchermehl wirklich glimmt, werden die Lüftungsklappen so weit geschlossen, dass die Zugluft gedrosselt ist. Das Gleiche gilt für das Abgasrohr des Räucherschranks, das in den Kamin führt. Auch hier wird die Klappe, soweit eine vorhanden ist, teilweise geschlossen. Gibt es keine Klappe, kann man sich mit einem angefeuchteten Lappen behelfen. Auf keinen Fall dürfen Lüftungsklappen und Abgasrohr völlig geschlossen werden, sonst ist keine Zugluft mehr vorhanden und der Rauch wird erstickt.

Bei der Räucherkammer kann die Räuchertemperatur mit dem Schieber am Kamin gesteuert werden. Je weiter der Schieber in den Kamin geschoben wird, desto mehr Rauch gelangt in die Kammer. Zudem wird der Rauch in der Regel wärmer beziehungsweise heißer. Außerdem benötigt man die Zugluft

zum Transport des Rauches. Warme Luft steigt bekanntlich nach oben und somit ans Räuchergut.

Wird der Rauch zu warm, wird das Sägemehl fest mit der Hand angedrückt. Wenn das Sägemehl zu trocken ist, kann es leicht angefeuchtet werden, zum Beispiel mithilfe eines Wasserschlauchs mit feiner Düse. Das begünstigt zudem die Luftfeuchtigkeit im Räucherschrank. Denn bei zu trockener Rauchluft bekommt man häufig einen Räucherrand. Das Fleisch kann dadurch nicht mehr atmen und somit von innen her nicht mehr trocknen.

Wird mehrmals geräuchert – was die Regel ist –, geschieht das in Intervallen. Wenn der Rauch abgebrannt ist, lässt man den Schinken völlig erkalten (mehrere Stunden). So erstickt das Fleisch nicht. Ein weiterer Effekt ist die Trocknung des Fleisches. Bei Schinken, die intensiv geräuchert werden, kann zwischen den Räuchervorgängen auch ein oder mehrere Tage gewartet werden.

Wie intensiv wird geräuchert? Das Wichtigste beim Räuchern von Rohschinken ist natürlich, dass das Fleisch durchgeräuchert ist, das heißt, innen nicht mehr blutig ist. Das erkennt man auch an der Farbe. Sie muss sehr intensiv sein. Allerdings wird die Farbe auch durch das Räuchermaterial bestimmt: Eichensägemehl sorgt für eine dunklere Farbe als Buchen- oder Ahornsägemehl. Nicht zuletzt ist die Rauchintensität auch Geschmackssache.

Linke Seite: Das Kalträuchern (hier im Räucherschrank) wird bei der Schinkenherstellung am häufigsten angewandt.

Heißräuchern

Heißräuchern findet im Temperaturbereich von 60 bis 80 °C statt. Heißrauch hat keine konservierende, wohl aber eine garende Wirkung. Somit ist Heißräuchern für Rohschinken absolut nicht geeignet. Bei Kochpökelwaren werden aber ein zartes und delikates Aroma und eine intensivere Farbe erzeugt. Beim Heißräuchern sollte in jedem Fall mit Thermometer gearbeitet werden.

Das Heißräuchern kann mit einem Räucherschrank (hier Firma Häussler) auch im Freien stattfinden.

Heißräuchern kann auch mit einem Grillkamin …

… oder in einem Klein-Räucherofen erfolgen.

Das gilt vor allem beim Räuchern von Wurst. Denn wird der Rauch zu heiß, platzen die Würste und fallen zudem oft ins Feuer.

Zu Beginn des Heißräucherns sollte mit niedrigeren Temperaturen und höherer Luftfeuchtigkeit begonnen werden (siehe auch Warm- und Schwitzräuchern). Das wirkt sich vorteilhaft auf die Abtrocknung und Umrötung des Räucherguts aus. Das Heißräuchern kann durch unterschiedliche Art der Befeuerung erfolgen.

Heißräuchern mit Buchenholz in der Räucherkammer

Zunächst wird ein Feuer angezündet und mit Buchenholz befeuert. Es ist darauf zu achten, dass keine Flammenzungen hochschlagen, denn dadurch wird der Rauch schnell zu heiß. Außerdem wird das Räuchergut schwarz und riecht verbrannt. Dem kann mit Sägemehl entgegengewirkt werden. Es sollte ein Eimer trockenes und ein Eimer angefeuchtetes Sägemehl bereitstehen. Dadurch kann die Intensität beziehungsweise Hitze des Feuers gesteuert werden. Brennt das Feuer nur schwach, wird trockenes, brennt es sehr stark, wird feuchtes Sägemehl verwendet. So erhält man zudem eine sehr kräftige Raucherzeugung.

Heißräuchern mit Elektroheizung

Für den Laien ist es viel einfacher, den Rauch durch eine Elektroheizung zu erzeugen. Damit kann vor allem auch im Räucherschrank Heißrauch erzeugt werden, was mit Holzfeuerung nicht möglich wäre. Die Temperatur kann durch einen Regler gesteuert werden.

Beim Räuchern werden die Heizspiralen mit Sägemehl bedeckt. Auch hier werden mit trockenem und feuchtem Sägemehl die Temperatur und die Luftfeuchtigkeit gesteuert. Zudem kann die Temperatur durch die Aufschütthöhe geregelt werden.

Heißräuchern mit Gasheizung

Soll das Heißräuchern mithilfe einer Gasheizung erfolgen, benötigt man einen speziellen Gaseinsatz. Die Energiequelle ist dabei eine Gasflasche. Ansonsten erfolgt der Ablauf des Räucherns genauso wie beim Heißräuchern mit Elektroheizung.

Warmräuchern

Das Warmräuchern erfolgt in einem Temperaturbereich von 30 bis 50 °C. Warmräuchern ist die Vorstufe und oft auch die Nachbehandlung vom Heißräuchern. Die Erzeugung des Rauches erfolgt ebenso wie beim Heißräuchern, nur im niedrigeren Temperaturbereich. Warm geräuchert werden hauptsächlich Fische.

Schwitzräuchern

Das Schwitzräuchern ist im Prinzip kein separates Räucherverfahren. Er wird sowohl beim Kalt-, Warm- als auch Heißräuchern angewendet. Bei diesem Räucherprozess wird mit einer höheren Luftfeuchtigkeit gearbeitet.

Beim Kalträuchern wird somit der sogenannte Räucherrand vermieden. Beim Räucherrand wird die äußere Schicht des Räucherguts hart, die Poren verschließen sich und somit wird die Luftabfuhr der inneren Schichten nach außen unterbunden. Das führt leicht zu Fehlfabrikationen beziehungsweise Verderb der Waren (vor allem im Rohwurstbereich).

Ist die Luft beim Heißräuchern zu trocken, erhält man keine schöne Rauchfarbe. Zudem trocknet das Räuchergut zu stark aus und wird daher strohig.

Beim Kalträuchern wird das Sägemehl angefeuchtet, um die Luftfeuchtigkeit zu erhöhen. Beim Warm- und Heißräuchern mit Holzfeuerung wird ebenso durch angefeuchtetes Sägemehl die Luftfeuchtigkeit erhöht. Das Gleiche gilt bei der Elektro- und Gasbefeuerung.

Katenräuchern

Ursprünglich kommt das Katenräuchern aus Norddeutschland. Hierbei wurde in kleinen, kaminlosen Häusern Rauch erzeugt, und zwar in der Regel mit Kiefern und Wacholdersträuchern, Heidekraut und Hartholz. Das Fleisch wurde ganz oben an den Dachfirst gehängt. Das Typische dabei war, dass der Rauch sehr kühl und dünn war. Das Aroma wird dann sehr fein, jedoch auch intensiv und würzig. Das war nur in genügend großen Räumen möglich.

Die Räucherdauer zog sich oft über mehrere Wochen, wenn nicht gar Monate hin. Ursprünglich stand dabei natürlich die Konservierung im Vordergrund. Heute wird der Katenrauch ausschließlich wegen des Aromas bei Spezialitäten wie Katenschinken angewandt.

Diese Räuchermethode ist für den Hobbyhersteller nicht möglich. Wer eine Räucherkammer besitzt, die am Kamin angeschlossen ist, kann aber den Schieber ganz leicht in den Kamin stecken. Dadurch wird nur sehr wenig Rauch durch die Kammer geleitet. Der Effekt ist somit ähnlich wie beim typischen Katenräuchern.

Garen der verschiedenen Fleischteile

Beim Herstellen von Kochpökelwaren werden die Fleischteile nach dem Salzen oder Pökeln gegart.

Kochschinken

Kochschinken sollten in den speziellen Kochschinkenformen gegart werden. Zum einen erhalten sie so die gewünschte Form und werden nicht deformiert. Andererseits laugt das Aroma nicht aus und sie bleiben schön saftig.

Werden Kochschinken heiß geräuchert, so geschieht dies unmittelbar vor dem Garprozess. Das Fleischteil kommt nun in die Wanne der Form. Der Deckel wird nur mäßig gespannt. Zum einen soll der Schinken eine schöne Form erhalten, zum anderen der Saft aber nicht aus dem Fleisch gepresst werden. Die Form wird nun mit heißem Wasser aufgefüllt. Diesem Wasser wird etwas Salz zugegeben. Wurde mit Kochsalz eingesalzen, wird auch hier Kochsalz zugegeben. Wurde Nitritpökelsalz verwendet, gibt man dieses nun dazu, sonst treten Farbfehler auf. Anschließend kommt die Form in den Kessel beziehungsweise Einkochtopf mit heißem Wasser. Der Wasserstand darf nur bis höchstens 1 cm unter den Formenrand reichen, damit auf keinen Fall Wasser in die Form läuft.

Beim Garen gibt es nun zwei Möglichkeiten. Entweder man gart konstant bei 75 bei 80 °C, wobei die Temperatur eher im unteren Bereich liegen sollte. Die Kerntemperatur (KT) sollte bei 68 bis 70 °C liegen, was auf jeden Fall mit dem Fleischthermometer zu kontrollieren ist. Bei Bedarf muss ein Loch in den Deckel der Kochschinkenform gebohrt werden, in das die Sonde des Fleischthermometers gesteckt werden kann. Der untere Temperaturbereich ist zwar für das Fleisch bezüglich des Saftaustrittes schonender, aber bezüglich der Haltbarkeit und des Bisses ist es besser, etwas intensiver zu garen.

Die zweite Möglichkeit ist Garen in Stufen, was heutzutage üblich ist. Hierfür arbeitet man mit einer Gartemperatur, die etwa 30 °C über der jeweiligen Kerntemperatur des Fleisches liegt. Die obere Grenze ist natürlich eine Wassertemperatur von 75 bis 80 °C. Auch hier wird auf die gewünschte Kerntemperatur geachtet. Zur Verdeutlichung ein Beispiel:

Das Fleisch hat bei Garbeginn 1 bis 3 °C Kerntemperatur. Man beginnt dann mit einer Gartemperatur von 30 °C. Hat das Fleisch eine Kerntemperatur von 10 °C erreicht, erhöht man die Wassertemperatur auf 40 °C und so weiter. Diese Garmethode ist zwar aufwendiger und dauert länger, ist aber schonender für den Schinken: Das Fleisch bleibt saftiger.

Bei dieser Methode muss gleich zu Beginn des Garens ein Fleischthermometer ins Fleisch gesteckt werden, damit die Kerntemperatur kontinuierlich überwacht werden kann.

Bei beiden Methoden werden nach dem Garprozess die Formen sofort aus

dem Wasser genommen. Die Schinken bleiben zum Abkühlen für ein bis zwei Tage in der Form und kommen in den Kühlraum, nach Möglichkeit in ein kaltes Wasserbad. Dabei darf auch wieder kein Wasser in die Formen gelangen. Anschließend wird der Schinken aufgeschnitten und verzehrt oder eingefroren.

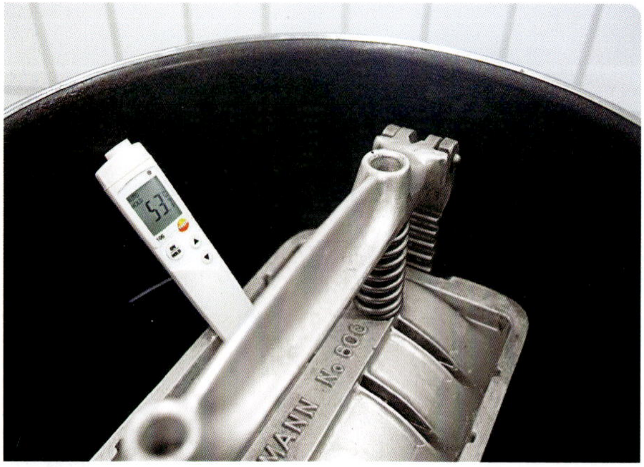

Kochschinken kann auch in einem Einkochtopf gegart werden.

Auf dem Herd werden die Knöchle gegart.

Sonstige Kochpökelwaren

Je nach Menge werden diese Fleischwaren lose im Kessel, Einkochtopf oder in einem Topf gegart. Dabei sollte das Wasser in jedem Fall 2 bis 3 cm über dem Fleisch stehen. Außerdem sollten die Größe des Behälters und die Wassermenge immer der Fleischmenge angepasst sein. Dabei muss berücksichtigt werden, dass die Fleischteile während des Garens oft aufquellen. Umgekehrt sollte die Wassermenge nicht extrem hoch sein, da das gesalzene Fleisch dadurch auslaugt. Es ist zudem zu empfehlen, dem Wasser beim Garen Salz und nach Belieben dieselben Gewürze wie vorher verwendet zuzufügen, damit das Aroma im Fleisch erhalten bleibt. Es ist das gleiche Salz zuzugeben, das beim Einsalzen verwendet wurde, sonst treten beim Garen auch hier Farbfehler auf.

Gegart wird in der Regel bei 90 bis 95 °C. Von Vorteil ist es natürlich auch hier, wenn die Temperatur mit dem Thermostat eingestellt werden kann. Es muss immer wieder kontrolliert werden, ob die Ware gar und auf der anderen Seite nicht verkocht ist. Die Fleischwaren sollen beim Garen zwar nicht vom Knochen fallen, aber sie sollten sich relativ leicht lösen lassen.

Viele dieser Fleischwaren werden heiß verzehrt. Da ist es natürlich ideal, wenn dies sofort nach dem Garen erfolgt. Natürlich können die Teile auch nochmals im heißen Wasser erhitzt werden. Teile, die nicht sofort verzehrt werden, sollten sofort aus dem heißen Wasser genommen und möglichst schnell ausgekühlt werden.

Konservieren

Warum konservieren?

Unter Konservieren im weiteren Sinne versteht man die Haltbarmachung von Lebensmitteln. Wie erwähnt, war das früher ein wichtiger Prozess, um überhaupt überleben zu können. Man musste Erzeugnisse, die nur in einem bestimmten Zeitraum zubereitet wurden, so aufbewahren, dass sie später (nach Monaten!) noch genießbar waren. In der heutigen Zeit, in der man ganzjährig frische Erzeugnisse kaufen kann, hat das Konservieren so gesehen an Bedeutung verloren. Trotzdem spielt es noch immer eine wichtige Rolle.

Konservieren heute

Vor allem in den letzten Jahrzehnten sind Konservierungsmethoden entstanden, welche die Aufbewahrung von Fleischwaren enorm erleichtert haben. Anders ausgedrückt: Die Konservierungsmethoden, die für die Aufbewahrung heutzutage von größter Bedeutung sind, entstanden erst in den letzten 100 Jahren. Man denke hierbei zum Beispiel ans Sterilisieren, Kühlen, Gefrieren und Vakuumieren.

Salzen und Räuchern ist nur der Anfang

Mit dem Salzen und Räuchern ist selbst bei den Rohpökelwaren zunächst der erste Teil der Konservierung abgeschlossen. Da kann hinterher noch viel passieren, was zum Verderb der Ware führen kann, zum Beispiel bei nicht optimaler Aufbewahrung.

Bei vielen Rohpökelwaren ist zudem der Nachreifeprozess nicht nur typisch, sondern sogar notwendig, um ein hochwertiges Endprodukt zu erhalten: Ein Rohschinken ist direkt nach dem Pökel- und Reifeprozess zwar genießbar, hat aber noch keine Spitzenqualität. Das Fleisch ist noch zu weich und wässrig und lässt sich nur schwer in dünne Scheiben schneiden.

Bei den Kochpökelwaren wird die Notwendigkeit des Konservierens noch deutlicher: Nach dem Garen beziehungsweise Garen und Auskühlen sind diese Produkte nicht nur fertig zum Verzehr, sie haben auch den Höhepunkt der Qualität erreicht. Dieser Zustand muss durch Konservierungsmethoden erhalten werden, falls das Fleisch nicht frisch verspeist wird.

Voller Genuss durch Konservierung

Manche Konserviermethoden sind nicht nur erforderlich, um Produkte aufzubewahren. Sie begünstigen Eigenschaften wie Geruch, Geschmack und Konsistenz. Bei der Fleischwarenherstellung ist das wohl am eindeutigsten beim luftgetrockneten Schinken festzustellen. Nach dem Salzen erfolgen Reifung und Lagerung ausschließlich an der Luft. Es werden lediglich die Luftfeuchtigkeit, die Temperatur und die Luftumwälzung variiert.

An der Luft

Diese Art der Lagerung eignet sich nur bei den Rohpökelwaren. Die Temperatur sollte, bis auf Ausnahmefälle, 12 bis 14 °C nicht übersteigen, da sonst nach und nach das Fett schmilzt. Dadurch schmiert die äußere Schicht am Fleisch und die Ware wird ranzig. Die relative Luftfeuchtigkeit sollte 70 bis 75 Prozent betragen, ansonsten trocknen die Randzonen zu schnell aus. Der Raum muss zudem dunkel und vor allem vor Ungeziefer geschützt sein.

Früher gab es hierfür spezielle Fleischschränke. Das waren Schränke aus Holz, die verschlossen werden konnten. Einige Ausschnitte in den Wänden und Türen wurden mit Fliegengitter verkleidet. So konnte zwar eine Luftumwälzung stattfinden, die Ware war aber vor Ungeziefer, vor allem Fliegen, geschützt.

Alternativ kann der Räucherschrank zur Lagerung verwendet werden. Er hat im Prinzip dieselben Eigenschaften wie der oben beschriebene Fleischschrank. Die Luftumwälzung findet hier durch die Lüftungsklappen oder das Rauchrohr statt.

Weltberühmte Schinken – hier aus San Daniele – reifen und lagern im richtigen Raumklima an der Luft.

Einkochen

Beim Hausschlachten hat die Konservierung durch Einkochen, vor allem bei den Koch- und Brühwaren, eine sehr große Bedeutung. Durch diese Methode, in der Fachsprache Sterilisieren genannt, kann die Ware relativ lange und sicher ohne qualitative Einbußen aufbewahrt werden. Diese Methode ist ziemlich komplex, deshalb wird sie hier auch sehr ausführlich beschrieben. Sie kann durchaus bei sämtlichen Kochpökelwaren und teilweise auch bei Rohpökelwaren angewandt werden. Bei manchen Rezepten wie zum Beispiel Eisbein im Aspik, Vesperfleisch und Ähnliches ist diese Konservierungsmethode sogar Bestandteil der Herstellung.

Es ist sehr wichtig, dass bei der Sterilisation hygienisch und mit Sorgfalt vorgegangen wird. So kann das Einmachgut bis zu einem Jahr und länger gelagert werden. Einkochen von Fleisch-

Ob Dosen oder Gläser – alle Gefäße müssen für die Konservierung gut verschließbar sein.

waren hat gegenüber dem Tiefkühlen den Vorteil, dass die Konsistenz und der Geschmack besser erhalten bleiben. Jeder weiß, dass Speck ranzig schmeckt, wenn er zu lange in der Gefriertruhe liegt. Mit Konserven ist man außerdem absolut zeitunabhängig. Sie können jederzeit geöffnet und ohne Wartezeit verzehrt werden. Auch im Sommer kann in einer Kühltasche leicht eine Konserve mitgenommen werden.

Fleischwaren in Dosen

Bei den Dosen unterscheidet man die Dauerdosen mit dem sogenannten Patentverschluss und die Konservendosen, wie sie auch als Obst- oder Gemüsekonserven im Handel sind. Bei Letzteren benötigt man zum Verschließen eine spezielle Dosenverschließmaschine und außerdem jedes Mal einen neuen Deckel. Die Dose selbst kann aber mehrmals verwendet werden. Sie muss dann jeweils vor dem Füllen mit einer Spezialvorrichtung an der Dosenverschließmaschine abgeschnitten werden. Für den Hobbyhersteller lohnt sich die Anschaffung einer solchen Maschine nicht.

Gut geeignet auch für die Produktion von kleineren Mengen sind dagegen die Dauerdosen mit Patentverschluss. Sie bestehen aus der Dose, dem Deckel, dem Gummiring und dem Verschlussring, der in der Umgangssprache auch „Schnalle" genannt wird. Die Dosen haben in der Regel ein Fassungsvermögen von 0,5 Liter. Für Schinken und Rauchfleisch werden auch häufig die 1-Liter-Dosen verwendet.

Sämtliche Teile müssen absolut trocken gelagert werden, damit sie nicht korrodieren. Beim Entnehmen des Inhalts darf auf keinen Fall mit einem spitzen oder scharfen Gegenstand in der Dose herumgekratzt werden, damit die Beschichtung nicht beschädigt wird. Korrosion wäre auch hier die Folge.

Vor dem Füllen werden die Teile in heißem Wasser gespült. Außerdem sollte jedes Mal ein neuer Gummiring in den Deckel eingelegt werden. Dabei muss darauf geachtet werden, dass er nicht verdreht ist, sonst ist die Dose hinterher nicht dicht. Werden die Dosen im Keller gelagert, können sie außen leicht mit Salatöl eingerieben werden, damit sie in der feuchten Kellerluft nicht rosten.

Fleischwaren in Gläsern

Grundsätzlich sind Gläser wesentlich hygienischer als Dosen. Sie rosten nicht und sind leichter zu reinigen. Ein zweiter Vorteil ist, dass kein Müll anfällt, da Gläser sehr lange verwendet werden können. Natürlich sind Gläser auch eine Kostenfrage. Sie sind zwar teurer als Dosen, durch ihre lange Verwendbarkeit sind sie aber im Vergleich sparsamer.

Während Dosen meist nur in einer oder zwei Größen angeboten werden, gibt es bei den Gläsern verschiedene Größen wie zum Beispiel für 200 g, 400 g und 800 g. Sie sind für jeden Haushalt geeignet.

Es gibt Gläser mit Gummiring und Deckel und solche, die nur mit einem Schraubdeckel verschlossen werden. Gläser mit Gummiring gibt es auch noch in größeren Versionen. In der Regel haben sich die Gläser mit Schraubdeckel aber durchgesetzt. Der Schraubdeckel kann zudem nachgekauft werden.

Bei den Schraubgläsern handelt es sich meist um sogenannte „Sturzgläser", das heißt, das Glas hat eine gerade

Wandung und ist oben mindestens so weit wie am Boden. Vor allem beim Kochschinken hat das den Vorteil, dass er am Stück aus dem Glas genommen und schön in Scheiben geschnitten werden kann. Bei Dosen ist das übrigens auch möglich, nicht aber bei bestimmten Gläsern mit Gummiring.

Füllen und Einkochen der Konserven

Schraubgläser und Dosen mit Patentverschluss werden bis etwa 1 cm unter den Rand gefüllt. Nur Dosen, die mithilfe der Dosenverschließmaschine verschlossen werden, füllt man randvoll. Werden die Gläser zu voll gefüllt, quillt Fleischsaft durch die Ausdehnung beim Einkochen heraus und die Konserve wird unter Umständen undicht. Bei Gläsern kann es außerdem passieren, dass sie zerspringen.

Nach dem Füllen wird der Rand mit einem sauberen, feuchten Tuch abgewischt, damit später ein sicherer Verschluss gewährleistet ist. Nun werden die Konserven bis zum Einkochen kühl aufbewahrt. Dabei dürfen die Dosen und Gläser auf keinen Fall schon verschlossen oder aufeinander geschichtet werden, damit sie rasch auskühlen können und Keimen keine Möglichkeit zur raschen Vermehrung und zum Verderb der Wurst gegeben wird. Das gilt insbesondere, wenn die Konserven mit warmem Aspik aufgegossen werden.

Erst vor dem Einkochen werden die Konserven sorgfältig verschlossen. Das Einkochen geschieht in der Regel im Einkochtopf. Dosen kann man sofort ins bereits kochende Wasser stellen. Da Gläser durch den Temperaturunterschied eventuell zerspringen könnten, werden sie in stark lauwarmem Wasser in den Topf gestellt. Der Einkochtopf wird dann mit dem Deckel verschlossen und möglichst rasch erhitzt. Vom Zeitpunkt des Siedebeginns an (bei etwa 98 °C) müssen Konserven mit 400 g Inhalt zwei Stunden kochen. Dabei ist es wichtig, dass das Wasser immer sprudelnd kocht und die Konserven mit Wasser bedeckt bleiben. Das muss während des Einkochvorgangs immer wieder überprüft werden. Gegebenenfalls wird Wasser nachgefüllt. Werden kleinere Konserven (mit 200 g Inhalt) eingekocht, genügen 90 Minuten.

Die Konserven sollten mit einem Lattenrost beschwert werden, damit sie nicht schwimmen. Werden Gläser mit Gummiringen eingekocht, so darf der Einkochtopf nur bis etwa 3 cm unterhalb der Glasdeckel mit Wasser befüllt werden.

Bei dieser Einkochmethode spricht man von Halbkonserven, da bei 100 °C noch nicht alle Bakterien abgetötet werden können und die Haltbarkeit daher nur begrenzt ist. Bei Vollkonserven muss eine Temperatur von 120 °C erreicht werden. Das ist nur in einem sogenannten Druckkessel oder Autoklaven möglich. Man kann sich behelfen, indem man dem Kochwasser Salz (mindestens 30 g pro Liter Wasser) zugibt. Dadurch wird die Siedetemperatur um einige Grad erhöht. Das ist in der Praxis aber nicht üblich.

Metallkonserven, die in Salzwasser eingekocht wurden, müssen nach dem Einkochen sorgfältig mit klarem Wasser abgewaschen und anschließend eingefettet werden, weil das Salz das Metall angreift.

Nach dem Einkochen kommen die Dosen sofort in kaltes Wasser, damit sie rasch abkühlen. Sie sollten auch dabei beschwert werden, damit sie nicht schwimmen. Gläser dürfen wegen des Temperaturschocks nicht ins kalte Wasser gestellt werden. Sie werden entweder nur sehr kühl gestellt oder man stellt sie zunächst in etwa 60 °C warmes Wasser und lässt das Wasser langsam abkühlen.

Allgemein gilt, je schneller die Konserven im Einkochtopf kochen und je schneller sie hinterher abgekühlt werden, desto fester ist nachher die Konsistenz. Auch die Einkochzeiten haben Einfluss auf die Konsistenz der Fleischwaren. Werden sie überschritten, wird das Fleisch eher weich und breiig. Um die erforderliche Haltbarkeit zu erreichen, dürfen die Zeiten andererseits auf keinen Fall unterschritten werden.

Lagern der Konserven

Sind die Konserven vollständig durchgekühlt, kommen sie aus dem kalten Wasser und werden mit einem trockenen Tuch abgerieben. Das ist sehr wichtig, denn, wie bereits erwähnt, beginnen nasse Dosen leicht zu rosten. Das Gleiche gilt für die Deckel der Schraubgläser.

Die Konserven werden dann in einem kühlen Raum gelagert. Bei Gläsern ist es zudem von Vorteil, wenn der Raum dunkel ist, damit sich der Inhalt nicht verfärbt. Dabei sollte die Temperatur nicht über 8 °C liegen, sonst kann es leicht vorkommen, dass der Inhalt verdirbt, da es sich bei der oben beschriebenen Herstellung durch Einkochen nur um Halbkonserven handelt.

Durch die beim bakteriellen Zersetzungsprozess entstehenden Gase (Gifte) wölbt sich der Deckel. Man spricht dann auch von Bombage. Solche Konserven dürfen auf keinen Fall mehr verzehrt werden. Schlimme Vergiftungen wären die Folge. Man sollte sich zur Angewohnheit machen, beim Öffnen einer Konserve daran zu riechen. Auf diese Weise ist sehr schnell zu erkennen, ob der Inhalt noch gut ist.

Da heute in den Häusern meistens keine ausreichend kühlen Räume vorhanden sind, sollte man die Konserven in einem Kühlschrank aufbewahren.

Unter Fachleuten und in der Fachpresse ist oft zu hören oder zu lesen, Halbkonserven seien nicht länger als drei bis sechs Monate haltbar und nur Vollkonserven könnten länger aufbewahrt werden. Es ist nicht möglich, an dieser Stelle eine Garantie für die Haltbarkeit der hier beschriebenen Produkte zu übernehmen. Wird aber bereits beim Fleischkauf und später bei der Herstellung und Verarbeitung der Fleischwaren und schließlich beim Sterilisieren sorgfältig gearbeitet und werden die Konserven richtig gelagert, halten sie durchaus auch ein ganzes Jahr.

Vakuumieren

Bei dieser Konservierungsart werden die Fleischteile in Plastikbeutel luftdicht verpackt. Durch ein spezielles Vakuumiergerät wird die Luft aus dem Beutel gesaugt. Somit gibt es keinen Gewichtsverlust durch Austrocknung. Bei Kochpökelwaren, vor allem Kochschinken, kann so die Lagerdauer um etwa zwei bis vier Wochen in die Länge gezogen werden, ohne dass die Qualität groß darunter leidet – im Gegenteil, die Ware bleibt schön saftig. Die Lagerung im Kühlraum bei +1 °C ist ideal, aber auch die Lagerung im Kühlschrank erfüllt den Zweck.

Ist der Nachreifeprozess bei den Rohpökelwaren vollständig abgeschlossen, so ist auch hier das Vakuumieren ein geeignetes Mittel zur Konservierung. Außerdem wird dadurch der Prozess der Austrocknung unterbunden, was von vielen gewünscht wird. Zur Aufbewahrung der vakuumierten Ware reicht ein dunkler Raum mit einer Temperatur von höchstens 12 bis 14 °C aus.

Fertige Rohpökelwaren sind vakuumiert und kühl aufbewahrt lange haltbar.

Kühlen und Tiefkühlen

Kühlen

Die beste Methode zum Kühlen findet im Keller oder einem ähnlich kühlen Raum statt. Dabei gilt: je kühler, umso besser. Die ideale Kühltemperatur ist +1 °C; sie sollte nicht über 8 °C liegen.

Der Keller ist zum einen energetisch die billigste Variante, zum anderen ist hier der Austrocknungseffekt am geringsten. Sollte solch ein Raum nicht zur Verfügung stehen, ist vor allem in der wärmeren Jahreszeit ein Kühlschrank oder Kühlraum die Alternative.

Kühl sollten nur Kochpökelwaren zum alsbaldigen Verzehr gelagert werden. Es empfiehlt sich, sie in Folie zu verpacken, um auch keinen Geruch von anderen Lebensmitteln anzunehmen. Rohpökelwaren sollten eher nicht im Kühlschrank aufbewahrt werden.

Tiefkühlen

Wie oben beschrieben, werden Rohpökelwaren am besten luftig in einem kühlen Raum oder vakuumiert gelagert. Sind diese Methoden nicht möglich, eignet sich auch das Tiefkühlen. Kochpökelwaren, die nicht zum Sofortverzehr bestimmt sind, werden ohnehin am besten tiefgekühlt. Die Temperatur beträgt dabei etwa −18 °C.

Das Einfrieren sollte möglichst rasch nach der Herstellung erfolgen. Magere Fleischteile eignen sich besser als fette. Zudem sollte die Salzzugabe eher etwas reduziert werden.

Zum Tiefkühlen kommt die Ware in einen speziellen Tiefkühlbeutel, wobei die Luft möglichst vollständig aus dem Beutel herausgestrichen werden sollte. Anschließend wird der Beutel mit einem Gummiring oder einem Clip verschlossen. Noch besser ist es, die Ware vor dem Tiefkühlen zu vakuumieren. Dieser Luftentzug wirkt sich günstig auf die Qualität, vor allem bei fetteren Fleischteilen, aus.

Es ist wichtig, dass die Gefriertruhe gut funktioniert. Man sollte nicht zu viele Waren auf einmal einfrieren, da sonst der Gefrierprozess unnötig in die Länge gezogen wird. Lässt sich das nicht vermeiden, muss zunächst eine Schicht Fleischwaren eingefroren und dann sechs bis acht Stunden gewartet werden, bevor die nächste Lage eingefroren wird. Alternativ kann man das Gerät rechtzeitig vorher auf „Superfrost“ schalten. Dann bewegt man sich im Temperaturbereich von etwa −35 °C. Natürlich steigen dann auch die Energiekosten. Je schneller der Gefrierprozess erfolgt, umso geringer ist nachher beim Auftauen der Fleischsaftverlust.

Beim Einfrieren wird dem Material Wärme entzogen, bis es auf den Kern gefroren ist. Das restliche Wasser im Gefriergut wird dabei in Eiskristalle umgewandelt. Es hat sich herausgestellt, dass diese −18 °C erforderlich sind, um Lebensmittel für den Verzehr zu erhalten. In diesem Temperaturbereich sind für Bakterien keine oder so gut wie keine passenden Lebensbedingungen mehr vorhanden, sodass die Haltbarkeit gewährleistet ist.

Fehlfabrikationen

Der spannendste Moment ist wahrscheinlich die Verkostung der hergestellten Ware+. Umso größer ist die Enttäuschung, wenn das Produkt anders schmeckt als erwartet. Aber hier zum Trost: Es ist noch kein Meister vom Himmel gefallen. Und man sollte auch nicht gleich aufgeben. Deshalb wird hier detailliert auf mögliche Probleme und Fehlfabrikationen eingegangen. Denn wenn die Ursache für die Fehlfabrikation nicht erkannt wird, ist das Risiko sehr groß, dass der gleiche Fehler nächstes Mal wieder passiert. Das hat der erfahrenste Meister schon miterlebt.

Nun muss natürlich unterschieden werden, ob es sich nur um den Geschmack handelt, denn Geschmäcker sind ja bekanntlich verschieden, oder um den Salzgehalt, bei dem es auch eine gewisse Toleranz gibt, oder ob es sich um einen Fehler handelt, der die Ware völlig verzehruntauglich macht.

Die zehn wichtigsten Tipps bei der Schinkenherstellung

1. Schinken nur in den Wintermonaten herstellen. Als Faustformel gilt: Nur in den Monaten, die ein „r“ enthalten, wobei im September und Anfang Oktober die Räume oft noch warm sind, also eher im März und April.
2. Auf beste Fleischauswahl achten. Vor allem bei Rohschinken ausgereiftes Fleisch verwenden und dabei nach Möglichkeit pH-Wert beachten.
3. Bei Fleischzukauf nur beim „Partner des Vertrauens“ einkaufen.
4. Räumlichkeiten und Geschirr müssen peinlichst sauber sein.
5. Es dürfen in keiner Phase der Herstellung tierische Schädlinge wie Nager und Insekten in die Räumlichkeiten oder ans Fleisch gelangen können. Das kann zum Verderb der Ware führen. Zudem ist das sehr ekelerregend.
6. Bei der Herstellung möglichst wenig „frei Hand“ arbeiten. Das Fleisch und die Zusatzstoffe immer abwiegen.
7. Auf die Genauigkeit der Geräte wie Waage oder Thermometer achten. Eine falsch justierte Waage führt sehr schnell zu Fehlern, welche die Ware ungenießbar machen.
8. Jeden Arbeitsschritt bei der Herstellung dokumentieren. Insbesondere die Mengen an Salz, Zusatzstoffen und Gewürzen notieren. Nur so kann man sich verbessern. Man glaubt gar nicht, wie wenig man sich in diesem Zusammenhang merken kann, vor allem, wenn die Herstellung nicht regelmäßig stattfindet.
9. Immer das Klima (Temperatur und Luftfeuchtigkeit) bei der Herstellung beobachten. Durch Wetterumschwung kann schnell eine Änderung erfolgen. Dann sofort reagieren.
10. Nicht zuletzt muss der Schinken vor dem Verzehr hauchdünn aufgeschnitten werden. Das gilt ganz besonders für den Rohschinken. Man sollte sprichwörtlich durch eine Scheibe Rohschinken Zeitung lesen können. Das geht nur mit einem sehr scharfen Werkzeug, am besten mit einer Aufschnittmaschine.

So sieht fehlerfreier Schinken aus.

Fehler beim Salzen von Rohpökelwaren	
Salzausschlag	Bei der Trockenpökelung zu viel Salz verwendet, bei der Nasspökelung Lakestärke zu scharf oder Lakemenge im Verhältnis zur Fleischmenge zu hoch; zu wenig gewässert
Mangelnde Haltbarkeit	Schlechte Qualität des Rohmaterials, zu niedriger Salzgehalt beim Pökeln, zu kurze Pökeldauer, zu starke Wässerung
Dunkler Rand	Zu stark gesalzen
Grauer Rand	Zu lange gewässert

Fehler beim Salzen von Kochpökelwaren	
Graue und/oder grüne Stellen	Es wurden beim Einspritzen der Lake nicht alle Stellen erfasst; Pökeldauer zu kurz
Ware ist strohig	Zu wenig Lake eingespritzt
Ware schmeckt salzig	Lake zu scharf; Lakemenge zu groß
Ware hat schwarze Flecken im Anschnitt	Mit rostigen Nadeln Lake eingespritzt

Fehler beim Räuchern von Rohpökelwaren	
Trockenrand	Rauchluft zu trocken oder zu heiß
Schinken oder Speck schmecken ranzig, gelbliche Verfärbung	Ware nach Fertigstellung zu lange und zu warm oder im Licht gelagert; Fleisch beim Pökelvorgang erstickt
Fleischteile sind an manchen Stellen unzureichend geräuchert	Ware hängt beim Räuchern zu dicht; Ware wurde bei den einzelnen Räucherprozessen nicht umgehängt
Speck schmilzt am Rauchfleisch	Zu heiß geräuchert
Ware schmeckt rauchig oder beißend	Verwendung von stickigem, schimmligem Sägemehl; Räucherschrank steht in kühlem Raum und ist nicht genügend isoliert

Fehler beim Garen von Kochpökelwaren	
Ware schmeckt säuerlich	Kerntemperatur beim Garen zu niedrig; Ware wurde nach dem Garen zu langsam abgekühlt
Ware ist trocken	Gartemperatur zu hoch; Kerntemperatur zu hoch
Ware hat graue Stellen	Mit Nitritpökelsalz gepökelter Ware wurde beim Garen Kochsalz zugegeben
Ware schmeckt fad	Beim Garprozess wurde dem Wasser kein Salz zugegeben
Schinken ist zäh	Kerntemperatur beim Garen zu niedrig; DFD-Fleisch verwendet

Fehler bei der Lagerung von Rohpökelwaren	
Harter Rand oder Schinken zu trocken	Luftfeuchtigkeit beim Lagern zu niedrig
Schinken zu weich	Luftfeuchtigkeit und/oder -temperatur beim Lagern zu hoch
Grauer Rand	Schinken wird zu hell gelagert
Ware ist ranzig	Zu lange Lagerung bei zu hohen Temperaturen oder im Licht

Fehler bei der Lagerung von Kochpökelwaren	
Kochschinken schmeckt säuerlich	Kerntemperatur beim Garen zu niedrig
Kochschinken hat schmierige Oberfläche	Zu lange bei zu hoher Temperatur gelagert
Kochschinken hat grauen Rand	Zu hell und/oder bei hohen Temperaturen gelagert
Kochschinken bekommt dunkle Flecken auf der Oberfläche	Schimmelbildung auf der Oberfläche, da Luftfeuchtigkeit beim Lagern zu hoch

Rezepte

Einige Worte vorweg

Was wäre ein Buch über das Pökeln und Räuchern, wenn nicht eine Fülle an bewährten und auch für den Einsteiger geeigneten Rezepten mit aufgeführt wird. Sie sind für den Anwender äußerst wichtig. Denn zum einen sind die Geschmäcker sehr verschieden, zum anderen findet jeder hier eine breit gefächerte Vielfalt an Rezepten, die auch mit einfachen Mitteln umzusetzen sind. Daher ist diesem Thema ein großer Teil des Buches gewidmet.

Hat zum Beispiel jemand gerade nicht die Möglichkeit, selbst zu räuchern, kann aber problemlos Kochpökelwaren herstellen, findet er auch hierzu die passenden Rezepte. Ebenso bietet das Buch Landwirten oder Jägern, denen regelmäßig frisches Fleisch aus eigener Schlachtung beziehungsweise durch selbst erlegtes Wildbret zur Verfügung steht, Rezeptideen für die verschiedenen Fleischarten.

Im Gegensatz zur Wurstherstellung ist es bei der Fleischwarenherstellung nicht möglich, die Rohware abzuschmecken. Jeder muss hier selbst seine Erfahrung sammeln. Einmal sind die Fleischstücke größer, als in den Rezepten angegeben, ein anderes Mal sind die Fleischmengen unterschiedlich. Das Gleiche gilt für die Lakemenge. Bei den Angaben wurde hier nach bestem Wissen und Gewissen gearbeitet, sodass die Rezepte auf jeden Fall stimmen. Die letzte Nuance muss aber jeder selbst herausfinden.

Die Fleischteile, die auf den Fotos eher grau erscheinen, wurden ausschließlich mit Kochsalz behandelt. Da es in diesem Buch ja auch um das Salzen geht, wobei nur mit Kochsalz statt mit Nitritpökelsalz gearbeitet wird, wurde ganz gezielt diese Art der Darstellung gewählt. Das Aussehen der Fleischteile ist zwar nicht ganz so appetitlich, der Geschmack ist aber derselbe, als wäre Nitritpökelsalz verwendet worden. Auf die Vor- und Nachteile für die Auswahl der verschiedenen Salze wurde an anderer Stelle ja schon eingegangen. Somit ist es jedem selbst überlassen zu entscheiden, ob und wie viel Nitritpökelsalz verwendet wird. Es können auch Gewürze ausgetauscht, die Mengen verändert, weggelassen oder hinzugefügt werden. Das macht ja gerade die Sache interessant.

Und nun noch ein Letztes zu den Rezepten: Alle hier aufgeführten Rezepte wurden selbst ausprobiert, wobei meine jahrzehntelange Erfahrung in die Rezepte mit einfließt. Es sind sämtliche Fleischarten abgebildet, so wie sie auch in den Rezepten beschrieben sind. Viele Bilder sehen zwar sehr ähnlich aus – man denke nur an die unterschiedlichen Schweinebauch- und Schweinehalsvarianten –, die Fleischwaren schmecken aber in jedem Fall unterschiedlich.

Man sollte bei der Herstellung die Arbeitsschritte und die Fleisch-, Salz- und Lake- sowie Wassermengen genau notieren. Nur so hat man die Möglichkeit, die Vorgehensweise das nächste Mal zu verändern, wenn es das erste Mal nicht geklappt hat. Das sind einfach Erfahrungswerte.

Und nun viel Erfolg bei der Herstellung!

Pökeln und räuchern

Bei diesen Fleischwaren handelt es sich ausschließlich um sogenannte „Rohschneider“, das heißt, die Fleischwaren werden nur gesalzen und geräuchert. Diese Prozesse gehören hier auch immer zusammen.

Ausnahme sind luftgetrocknete Schinken, die nur gesalzen und an der Luft getrocknet werden. Das wird bei uns äußerst selten angewendet, weil das Klima nicht dafür geeignet ist. Dafür sind die Südländer in Italien oder Spanien mit dem Mittelmeerklima die Spezialisten. Rezepte für Fleischwaren gepökelt und geräuchert sind in diesem Buch zweifelsfrei die anspruchsvollsten Rezepte. Entsprechend sorgfältig sollte die Arbeitsweise sein.

Die Menge der Salzzugabe hängt im Wesentlichen von drei Dingen ab, nämlich vom persönlichen Geschmack, ob gewässert wird und ob Zucker zugegeben wird. Dementsprechend kann die benötigte Salzmenge nur ungefähr angegeben werden.

Schweinehals geräuchert

Der Schweinehals ist, vor allem bei älteren oder fetteren Tieren, ein durchwachsenes Fleischstück. Somit ist es nicht so trocken und bei vielen Schinkenfreunden sehr beliebt. Zur Herstellung wird der Schweinehals ausgebeint und sauber zugeschnitten. Der Knorpelfortsatz von der Schulter wird ebenfalls vorsichtig entfernt, damit kein Loch ins Fleisch gestochen wird. Der Schweinehals kann als ganzes Stück oder in Teilstücken eingesalzen werden.

Zutaten je kg Fleisch
20 bis 25 g Kochsalz
10 g Nitritpökelsalz
3 g Zucker
1 g weißer Pfeffer gemahlen
½ Zehe Knoblauch

Pökelart: Trocken- oder Trocken-Nasspökelung
Pökeldauer: 3 bis 4 Wochen
Durchbrenndauer: 5 bis 7 Tage

Zunächst die Zutaten, mit Ausnahme des Knoblauchs, in einer Schüssel gut vermischen und die Knoblauchzehen in dünne Scheibchen schneiden. Die Fleischteile nun gleichmäßig mit der Würzmischung einreiben und möglichst luftdicht in den Pökelbottich stapeln. Dazwischen die Knoblauchscheibchen gleichmäßig verteilen. Die Fleischteile nun mit einem Deckel beschweren.

Nach 2 bis 3 Tagen kontrollieren, ob die Eigenlake über die oberste Fleischschicht reicht. Ist das nicht der Fall, eine 8-gradige Lake anrühren und so weit auffüllen, bis die oberste Schicht in der Lake liegt. Die Fleischteile wöchentlich umstapeln, das heißt, die oberste Schicht nach unten und umgekehrt. Anschließend die Fleischteile gründlich abwaschen. Nun zum Durchbrennen aufhängen und nach Belieben ein paar Stunden bis zu einem Tag wässern. Den Schinken mit Buchenholzsägemehl kalt räuchern, bis er eine schöne goldgelbe Farbe hat. Anschließend beträgt die Reifezeit je nach Belieben 2 Wochen bis 2 Monate.

Nussschinken geräuchert

Beim Nussschinken werden die Nüsschen vom Schweineschlegel verwendet. Hierbei ist darauf zu achten, dass beim Auslösen des Rohrknochens das Knochenhäutchen möglichst wenig verletzt wird, denn jeder Schnitt ist beim fertigen Schinken nicht nur ein Schönheitsfehler, sondern auch eine Vertiefung, in der sich Bakterien vermehren können. Bei der Verwendung der Nuss gibt es zwei Möglichkeiten: Auf der Nuss ist noch ein kleiner Deckel. Beim Rind wird dieser Deckel als Bürgermeister- oder Pastorenstück bezeichnet. Dieser Deckel kann an der Nuss verbleiben oder auch abgetrennt werden. Nach dem Abtrennen ergibt sich ein schönes kompaktes, rundes Fleischstück.

Zutaten je kg Fleisch
20 bis 25 g Kochsalz
10 g Nitritpökelsalz
3 g Zucker
1 g weißer Pfeffer gemahlen
½ g Koriander gemahlen
3 Wacholderbeeren zerstoßen

Pökelart: Trocken- oder Trocken-Nasspökelung
Die weitere Verarbeitung ist dieselbe wie beim geräucherten Schweinehals.

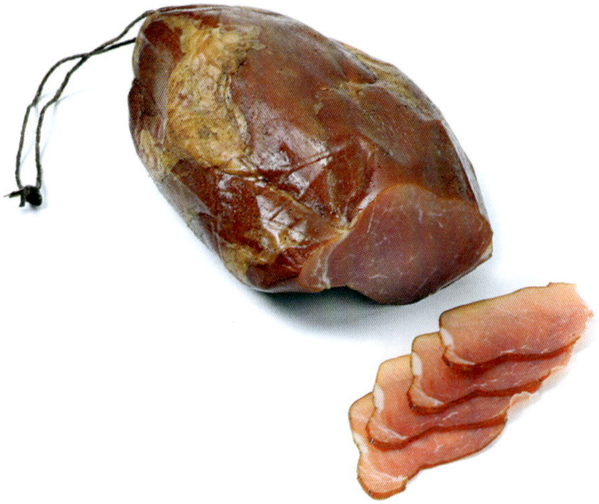

Schweineschulter schwarzgeräuchert

Beim Auslösen der Knochen aus der Schweineschulter ist ein besonderes Augenmerk auf das Auslösen des Schulterblatts (Schaufel) zu werfen. Auch hier sollte das Häutchen möglichst unverletzt bleiben. Zum Einsalzen wird der dicke Bug (dicke Schulter) verwendet. Die Schwarte mit Speck bleibt dabei. Auf korrekten Zuschnitt ist zu achten. Die Schwarte sollte dabei nicht zu stark ausgetrocknet sein, da sonst die Salz-Gewürz-Mischung nur schwer ins Fleisch eindringen kann.

Die dunkle Farbe

Beim Schwarzräuchern wird, wie an anderer Stelle beschrieben, Fichten- oder Tannensägemehl verwendet. Beim Räuchern legt man auf das Sägemehl noch ein paar Tannenzapfen oder ein paar Fichten- oder Tannenzweiglein. Die Endfarbe ist hier beim Räuchergut Dunkelbraun bis Schwarz. Wer nur wegen der Farbe „schwarzräuchert" und nicht wegen des Aromas, kann die durchgebrannten Schweineschultern auch in Schweineblut tauchen und das Blut antrocknen lassen. Es gibt auch spezielle Zusatzstoffe zum Schwarzräuchern, die mit Wasser angerührt werden. Die Schinkenstücke werden dann getaucht, anschließend lässt man sie abtrocknen. Nun wird mit Buchen- oder Eichensägemehl kalt geräuchert. So erhält man auch eine extrem dunkle Farbe.

Zutaten je kg Fleisch
20 bis 25 g Kochsalz
10 g Nitritpökelsalz
3 g Zucker
Pökelart: Trocken-Nasspökelung
Pökeldauer: 3 bis 4 Wochen
Durchbrenndauer: 5 bis 7 Tage

Salz und Zucker gut vermengen und die Fleischteile damit sorgfältig einreiben, dabei besonders auf die Schwartenseite achten, da Schwarte das Salz schwerer aufnimmt als Fleisch. Wer sehr sorgfältig arbeiten will, sollte das Fleisch zunächst nur mit der halben Menge der Mischung einreiben und den Vorgang nach 2 bis 3 Tagen wiederholen. Die Mischung sollte dafür frisch hergestellt werden. Die obere Schicht Fleisch kommt dann nach unten und die untere nach oben. Das Fleisch wird in diesem Fall absichtlich nicht zu dicht gestapelt.

Dann eine Gewürzlake herstellen. Pro Liter Lake 2 Pfefferkörner, 2 Wacholderbeeren und 1 Lorbeerblatt hinzugeben. Die Lakestärke beträgt 8 Grad und die Pökeldauer je nach Fleischgröße 3 bis 4 Wochen. Anschließend das Fleisch sorgfältig abwaschen und zum Durchbrennen aufhängen. Auf Wunsch das Fleisch noch wässern. Nun die Schultern bis zur gewünschten Farbe kalt räuchern.

Hinterschinken geräuchert (Unterschale)

Zunächst werden am Schweineschlegel die Haxe abgetrennt und die Knochen sauber ausgelöst. Die Oberschale wird in jedem Fall entfernt. Je nach Wunsch wird das verbleibende Fleischstück (Unterschale, Hüftstück und Nuss) „rund" zugeschnitten. Es kann ebenso nur die Unterschale verwendet werden. Dazu werden die Nuss und das Hüftstück von der Unterschale abgetrennt. Es ist jedem selbst überlassen, ob die Schwarte mit Speck von den Fleischteilen abgetrennt wird.

Zutaten je kg Fleisch
20 bis 25 g Kochsalz
10 g Nitritpökelsalz
3 g Zucker
1 g weißer Pfeffer gemahlen
1 kleine Zehe Knoblauch
3 bis 4 Zwiebelringe
0,5 g Koriander gemahlen
0,25 g Nelken gemahlen

Pökelmethode: Trocken-Nasspökelung
Pökeldauer: 3 bis 4 Wochen
Durchbrenndauer: 5 bis 7 Tage

Die Zutaten, mit Ausnahme von Zwiebel und Knoblauch, gut vermischen und die Fleischstücke gleichmäßig damit einreiben. Den Knoblauch in dünne Scheibchen schneiden oder mit Salz zerdrücken. Die eingeriebenen Fleischteile in einen Pökelbottich stapeln. Dazwischen die Zwiebelringe und den zerkleinerten Knoblauch geben. Die Fleischteile beschweren und bei Bedarf nach einigen Tagen mit 8-gradiger Lake nachfüllen, bis die oberste Fleischschicht damit bedeckt ist. Nach einer Woche die Fleischteile umsetzen. Nach abgeschlossener Pökelung die Fleischstücke zum Durchbrennen aufhängen. Anschließend den Schinken einige Stunden bis zu einem Tag wässern und mit einer Mischung aus Eichen- und Buchensägemehl kalt räuchern, bis er eine rötlich-gelbe Farbe hat. Anschließend lässt man sie noch einige Wochen bis zu zwei Monaten nachreifen.

Schweinebauch geräuchert

Hier werden der Schweinebauch oder Teilstücke davon verwendet. Der Bauch sollte dabei nicht zu dünn sein, da er sonst beim Räuchern und Reifen völlig vertrocknet. Beim Bauch können die Rippen im Fleisch verbleiben. Später sind diese Rippen aber ein Hindernis. In der Regel werden entweder die Rippen ausgelöst, wobei der Knorpel aber im Fleisch verbleiben sollte, da sonst häufig ein Fleischlappen am Bauch weghängt. Nachteil bei dieser Methode ist aber, dass die ausgelösten Stellen oft schmierig werden, das heißt, bei der weiteren Verarbeitung muss hier sorgfältig vorgegangen werden. Die Rippchen können auch glatt am Knochen abgeschält werden. Auf diese sogenannten „Schälrippchen" wurde schon an anderer Stelle eingegangen. Wird beim Abschälen mehr Fleisch am Knochen gelassen, können die sogenannten „Spareribs" hergestellt werden. Auch dieses Thema wird an anderer Stelle näher beschrieben. Der Bauch wird aber dabei zum Räuchern eher zu dünn. In jedem Fall wird am Bauch der Griff (Wamme) mit einem geraden Schnitt abgetrennt.

Pökelmethode: Nasspökelung
Lakestärke: 9 Grad
Pökeldauer: 2 bis 3 Wochen
Durchbrennzeit: 3 bis 4 Tage

Fleischteile nur ganz leicht mit Salz einreiben. Wurden die Rippen ausgelöst, so sind diese Stellen besonders gründlich zu behandeln. Die Fleischstücke im Pökelgefäß stapeln und mit der vorher hergestellten Lake übergießen, sodass auch die oberste Schicht bedeckt ist. Es kann ebenso eine Gewürzlake verwendet werden. Nach dem Pökeln das Fleisch zum Durchbrennen aufhängen. Anschließend wird goldgelb geräuchert. Bei Bedarf die Teile zuvor noch wässern.

Lachsschinken

Für den Lachsschinken verwendet man ausgebeinte Kotelettstücke. Man schneidet diese auf eine Länge von etwa 40 cm zu. Der Lachsschinken ist durchaus einer der edelsten Schinken.

Zutaten je kg Fleisch
20 bis 25 g Kochsalz
10 g Nitritpökelsalz
3 g Zucker

Pökelmethode: Trockenpökelung
Pökeldauer: 2 Wochen
Durchbrenndauer: 2 bis 3 Tage

Die Fleischteile gleichmäßig mit der Salzmischung einreiben und am besten in einem rechteckigen Pökelbehälter stapeln. Wenn der Behälter der Länge der Schinken entspricht, ist ein dichtes Stapeln möglich. Nach einer Woche die Fleischstücke umpacken. Nach etwa zwei Wochen ist der Pökelvorgang beendet. Die Fleischstücke dann abwaschen und zum Durchbrennen aufhängen. Nach dem Wässern mit Eichensägemehl kalt räuchern. So erhalten sie eine schöne rötliche Farbe.

Tiroler Kotelettspeck

Man verwendet die Fleischteile, wie bei „Lachsschinken" beschrieben. Auch die Verarbeitung ist identisch. Es können pro kg Fleisch 1 g gestoßener Pfeffer und 1 g gestoßene Wacholderbeeren zugegeben werden. Der Rückenspeck und die Schwarte werden nicht abgetrennt.

Rückenspeck geräuchert/ Paprikaspeck

Hierfür verwendet man Rückenspeckstücke von relativ schweren Schweinen. Die Dicke sollte 3 bis 4 cm betragen. Der feste Teil des Rückenspecks (über dem Hals und der Schulter) ist zu bevorzugen. Die Speckseiten werden abgeschwartet und in etwa 40 × 7 cm große Streifen geschnitten.

Zutaten je kg Speck
40 g Kochsalz

Bei Paprikaspeck zusätzlich
5 g Paprika edelsüß
½ Zehe Knoblauch

Pökelmethode: Trockenpökelung
Pökeldauer: 12 bis 14 Tage

Die Speckstreifen mit dem Salz kräftig einreiben und in den Pökelbehälter stapeln. Am besten die Streifenlänge dem Behälter anpassen. Der Speck braucht etwa 12 bis 14 Tage, bis er durchgesalzen ist. Anschließend den Speck handwarm abwaschen und bei Bedarf wässern. Anschließend für ein paar Stunden trocknen.

Bei Paprikaspeck nun mit dem Paprika und etwas heißem Wasser einen dicken Brei herstellen, den Speck damit einpinseln und für ein paar Stunden trocknen lassen. Den Knoblauch bereits beim Einsalzen als feine Scheibchen zwischen die Speckteile legen. Beide Speckarten nun goldgelb räuchern.

Dörrfleisch

Beim Dörrfleisch handelt es sich um einen schnell gepökelten und kalt geräucherten Schweinebauch (im Bild gerollt). Entsprechend kurz ist deshalb auch die Lagerfähigkeit. Den Schweinebauch wie beim „Geräucherten Schweinebauch" zuschneiden.

Pökelmethode: Muskelspritzverfahren
Lakestärke: 10 Grad

Den Schweinbauch spritzen und mit derselben Lake übergießen. Nach 2 bis 3 Tagen den Schweinbauch aufhängen und einen Tag trocknen lassen. Anschließend die Fleischteile im Kaltrauch mit Buchenholzsägemehl kalt räuchern.

Rindfleisch ist von Natur aus zäher. Durch das kräftige Einsalzen, das anschließende Durchbrennen und das Nachreifen wird der Schinken sehr mürbe.

Hamburger Rauchfleisch

Dazu können sämtliche Stücke, mit Ausnahme der Wade, vom Hinterviertel des Rindes verwendet werden. Die Teile werden dazu sauber entfettet und entsehnt. Vor allem für den Hobbyhersteller eignet sich sehr gut die Schwanzrolle. Dieses Teilstück der Unterschale ist nicht so groß und vor allem nicht so dick, sodass es in mäßiger Zeit durchgesalzen ist.

Zutaten je kg Fleisch
20 bis 25 g Kochsalz
15 g Nitritpökelsalz
3 g Zucker

Pökelmethode: Trocken-Nasspökelung
Pökeldauer: 2 bis 3 Wochen
Durchbrenndauer: 6 bis 8 Tage

Das Fleisch sorgsam mit den Zutaten einreiben und dicht in den Pökelbottich stapeln. Es können ebenso ein paar Wacholderbeeren dazwischen verteilt werden. Das Fleisch mäßig beschweren. Bei Bedarf mit einer 12-gradigen Lake auffüllen. Nach dem Pökelprozess das Fleisch durchbrennen lassen. Anschließend das Fleisch sorgsam abwaschen und je nach Stärke bis zu einem Tag

wässern. Anschließend für 1 bis 2 Tage zum Trocknen aufhängen. Dann das Fleisch kalt räuchern. Hinterher das Fleisch noch für 3 bis 4 Wochen zum Nachreifen aufhängen. Es muss darauf geachtet werden, dass sich kein Trockenrand bildet.

Lammschinken

Trotz der Bezeichnung Lammschinken können oder sollen sogar Fleischteile älterer Tiere verwendet werden. Alte Muttertiere oder alte Böcke werden häufig zu einem sehr günstigen Preis verkauft. Außerdem ist das Fleisch dieser Tiere nur schwer für die Herstellung anderer Produkte (Ausnahme Rohwurst) zu verwenden. Zu Lammschinken können ganze Keulen (Haxen und Schlossknochen entfernt) oder die dicke Schulter verarbeit werden. Bei der Keule kann der Rohrknochen sauber ausgelöst werden, anschließend wird die Oberschale abgetrennt. Ebenso kann die Keule in Einzelstücke zerlegt werden. Das muss bei der Pökeldauer berücksichtigt werden. In jedem Fall sind die Fleischteile sauber zu entfetten und zu enthäuten.

Pökelmethode: Nasspökelung mit Gewürzlake
Lakestärke: 10 Grad

Gewürze pro 1 Liter Lake
1 g Pfefferkörner
2 g Wacholderbeeren
0,5 g Pimentkörner
0,1 g Zimt
0,5 g Rosmarin
20 ml Rotwein

Pökeldauer: 2 bis 4 Wochen

Zunächst die Gewürzlake herstellen. Die Fleischteile leicht mit einer Kochsalz-Nitritpökelsalz-Mischung einreiben und nicht zu dicht in den Pökelbottich stapeln. Zwischen die Fleischstücke dünn geschnittene Knoblauchscheibchen (etwa 2 g/kg Fleisch) legen. Dann die erkaltete Gewürzlake darübergießen. Nach dem Pökeln die Fleischteile nochmals gründlich enthäuten, entfetten und abwaschen. Anschließend zum Durchbrennen aufhängen. Die Durchbrenndauer beträgt 3 bis 5 Tage. Auf Wunsch noch 2 bis 5 Stunden wässern. Die Fleischteile dann kalt mit einer Eichen-Buchenholz-Sägemehlmischung kalt räuchern. Dem Sägemehl einige Wacholderbeeren zugeben.

Schaffleisch kann ebenso durch Fleisch von Ziegen ersetzt werden. Bei alten Ziegenböcken kann aber durchaus der typische „Bockgeruch“ durchdringen.

Wildschweinschinken

Hierfür können sehr gut Fleischteile von alten Keilern und Bachen verwendet werden. Das Fleisch sollte drei Tage in der Decke gekühlt werden. Die Fleischteile werden wie beim „Lammschinken" beschrieben zugeschnitten. Beim Wildschwein ist besonders darauf zu achten, dass blutige oder „zerschossene" Stellen gewissenhaft entfernt werden, denn das würde zum Verderb des Schinkens führen. Übrigens kann dieser Schinken ebenso gut aus Reh- oder auch Hirschfleisch hergestellt werden.

Pökelmethode: Nasspökelung mit Gewürzlake
Lakestärke: 10 Grad

Gewürze pro 1 Liter Lake
1 g Pfefferkörner
2 g Wacholderbeeren
½ Lorbeerblatt
½ g Koriander
¼ g Nelken

Die weitere Verarbeitung siehe „Lammschinken". Das Räuchern findet mit einer Mischung aus Buchen- und Fichtensägemehl statt. Mit dem Sägemehl können einige zerkleinerte Fichtenzweige vermischt werden.

Gänsebrust geräuchert

Für dieses Rezept ist eine Gänsebrust wie gewachsen zu verwenden. Eine weitere Vorbereitung ist nicht notwendig.

Pökelmethode: Nasspökelung
Lakestärke: 10 Grad
Pökeldauer: 4 bis 5 Tage

Nach dem Pökeln die Brust 5 bis 6 Stunden trocknen lassen und anschließend im Kaltrauch goldgelb mit Buchensägemehl räuchern.

Alternativ ist auch die Gänsekeule ideal zum Räuchern geeignet. Außerdem können ebenso Hühner- oder Hähnchenkeulen verwendet werden.

Bei Geflügel ist immer Vorsicht wegen einer möglichen Salmonellengefahr geboten. Daher sollte die Zubereitung möglichst in den Wintermonaten erfolgen und vor allem darf die Kühlkette beim Fleisch nicht unterbrochen werden.

Pökeln und trocknen

Es ist wohl die größte Herausforderung in der Schinkenfabrikation, einen luftgetrockneten Schinken herzustellen. Bei diesem Schinken kann sich natürlich das Fleischaroma voll entfalten. Das Problem liegt aber auf der Hand: Die Fleischteile werden nur gesalzen und an der Luft getrocknet. Der konservierende Vorgang des Räucherns wird hier weggelassen. Luftgetrockneter Schinken ist eine südländische Spezialität. Er stammt vorwiegend aus Italien und Spanien. Das milde Mittelmeerklima (hohe Luftfeuchtigkeit, salzige Luft, leichter Luftzug) erhöht dabei die Produktionssicherheit. Die Südländer verwenden bei der Herstellung ausschließlich ganze Schweineschlegel und salzen diese nur mit Meersalz (keine Gewürze) ein. Dabei werden lediglich das Schwanzfederbein und der Schlossknochen entfernt. Von dieser Methode ist in unserem Klima, vor allem bei der Hobbyherstellung, abzuraten, denn die Herstellungsdauer erstreckt sich dabei über mindestens zwölf Monate.

Aber auch hierzulande kann luftgetrockneter Schinken hergestellt werden. Häufig wird in den Rezepten die Herstellung jedoch als ganz einfach dargestellt. Das ist aber nicht so. Deshalb wird dieses Rezept hier sehr ausführlich beschrieben. An dieser Stelle sei auch darauf hingewiesen, dass der abgebildete Schinken innerhalb von sechs Monaten selbst hergestellt wurde und ein hervorragendes Aroma hat. Es sollte aber schon dem Schinkenfreund mit „etwas mehr Erfahrung“ überlassen werden, damit die Enttäuschung nicht gleich zu Beginn zu groß ist.

Luftgetrockneter Schinken (Unterschale)

Hierfür wird die Unterschale mit Specküberzug und Schwarte verwendet. Zum einen ist dabei ein Großteil des Schinkens bedeckt und unerwünschte Bakterien können sich nicht vermehren, zum anderen gibt der Speckrand beim Verzehr dem Schinken die spezielle Aromanote. Bei der Auswahl der Fleischteile ist hier auf besondere Qualität zu achten. Es sollte nur Fleisch von ausgereiften Tieren verwendet werden. Ferner darf keine überlagerte Ware, wässriges Fleisch oder Fleisch mit blutigen Stellen verarbeitet werden. Der Zuschnitt muss äußert sorgfältig geschehen. Vor allem im Bereich der Haxe muss exakt gearbeitet werden, damit sich der Eisbeinansatz nicht von der Unterschale löst und dass beim Zuschnitt keine Löcher entstehen. Das sind nämlich Herde für unerwünschte Bakterien. Das Fleisch wird zwei bis drei Tage nach der Schlachtung ausgebeint und sollte bei der Verarbeitung eine Kerntemperatur von höchstens 2 bis 3 °C haben.

Neben gutem Fleischmaterial ist das passende Klima die wichtigste Voraussetzung, um hochwertige Qualität zu erhalten. Man benötigt sowohl kühle wie auch warme Räume sowie welche mit hoher Luftfeuchtigkeit. Erfahrungen zeigen, dass eine Herstellung beginnend im Januar bis Mitte Februar sich positiv auswirkt. Man kommt dann in die Frühjahrs- und Sommermonate. Anfangs sind die Temperaturen noch tief. Dann steigen die Außentemperaturen und die Luftfeuchtigkeit in Richtung Sommer, was sich positiv auf die Herstellung auswirkt. Sind entsprechende Räume nicht vorhanden, kann der Reifeschrank zum Klimaschrank umgewandelt werden. Eine nähere Beschreibung liefert das Buch „Würste, Sülzen und Pasteten".

Pökelmethode: Trockenpökelung

Zutaten je kg Fleisch

1. Salzung:
40 g Meersalz
2 g Zucker
1 g weißer Pfeffer gemahlen
0,5 g Piment
0,25 g Koriander

2. Salzung:
½ Mischung der 1. Salzung (20 g Salz und entsprechende Gewürze)

3. Salzung:
½ Mischung der 2. Salzung (10 g Salz und entsprechende Gewürze)

Es kann auch nur Meersalz verwendet werden. Wird kein Zucker zugegeben, sollte die Salzmenge etwas verringert werden. So machen es auch die Südländer.

Herstellungsdauer insgesamt: etwa 5 bis 7 Monate

Salzung und Pressung

Wie schon aus dem Rezept ersichtlich, erfolgt das Salzen in drei Etappen. Zunächst wird die Salz-Gewürz-Mischung für die 1. Salzung hergestellt und die Fleischteile werden sorgfältig eingerieben. Dabei ist besonderes Augenmerk auf die Schwartenseite zu richten. Anschließend die Schinkenteile sorgfältig in das Pökelgefäß stapeln und mäßig beschweren. Das Pökelgefäß sollte eckig sein, damit die Unterschalen auch die rechteckige Form behalten. Die beim Einsalzen entstehende Eigenlake muss abfließen können. Die Temperatur sollte 3 bis 5 °C betragen.

Danach die Schinken einen Tag pressen. Dafür gibt es spezielle Schinkenpressen. Bei Einzelschinken nimmt man eine eckige Kochschinkenform und spannt diese so gut wie möglich.

Für den Pressvorgang gibt es mehrere Gründe. Zum einen darf im Fleischstück absolut kein Restblut sein. Das wird dadurch herausgepresst. Zum anderen wird dem Schinken zusätzlich Wasser entzogen. Außerdem ist der Schinken noch weich. In diesem Zustand wird der Schinken schön eckig geformt.

Vor der 2. Salzung wird der Schinken kurz unter fließendem Wasser abgewaschen. Der obige Vorgang wird mit den beschriebenen Zutaten wiederholt. Das Gleiche gilt für die 3. Salzung. Danach wird der Schinken nicht mehr abgewaschen und gepresst, sondern für 2 bis 3 Wochen zum Reifen in den Kühlraum bei einer Temperatur von etwa 3 bis 5 °C gehängt. Durch das Gebläse ist eine gewisse Luftumwälzung vorhanden. Ist die Umgebungstemperatur um den Kühlraum sehr kühl, schaltet das Gebläse nicht an und es findet keine Luftumwälzung statt. Dann sollte täglich eine kurze Lüftungsphase von etwa 30 Minuten stattfinden.

Der Schinken verliert so in den ersten vier Wochen etwa 10 Prozent seines Gewichts. Sollte der Schinken schimmeln, wird er gründlich abgebürstet. Es ist dringend zu empfehlen, ein Schinkenstück vor dem Einsalzen abzuwiegen und das Gewicht zu notieren. In den Folgetagen und -monaten sollte dieser Vorgang wiederholt werden. Nur so lässt sich feststellen, ob die Reifung planmäßig voranschreitet.

Reifephase
Bisher erfolgte die Behandlung der Schinken ausschließlich im unteren Temperaturbereich (2 bis 5 °C). Bei diesen Temperaturen können sich unerwünschte Bakterien nur sehr langsam vermehren beziehungsweise werden durch das Salz abgetötet. Ebenso ist durch die Gewichtsreduzierung schon ein Teil der Konservierung erreicht. Theoretisch könnte in diesem unteren Temperaturbereich der Schinken weiter getrocknet werden. Es ist kaum zu glauben, aber der Schinken wäre dann nicht genießbar.

Der Schinken wird nun bei einer Temperatur von etwa 23 bis 25 °C und einer Luftfeuchtigkeit von etwa 80 Prozent aufgehängt. So vermehren sich die Bakterien, die dem Schinken das „typische Aroma" verleihen. Es sollte auch hier zwei Mal pro Tag etwa 15 Minuten gelüftet werden, um die Schimmelbildung einzudämmen. Bei Schimmelbildung den Schimmel trocken abbürsten. Nach dieser Phase sollte der Schinken nochmals für 2 bis 3 Tage bei etwa 20 °C gepresst werden. So wird wiederum Feuchtigkeit vom Innern des Schinkens in die äußeren Schichten befördert und der Trocknungsvorgang geht gleichmäßiger voran.

Der Schinken wird nun bei ungefähr 15 °C und einer Luftfeuchtigkeit von etwa 75 Prozent aufgehängt. Die Luftfeuchtigkeit sollte in den Folgemonaten langsam auf etwa 65 Prozent abgesenkt werden. Eine ganz leichte Luftumwälzung unterstützt den Trocknungsvorgang. Die Herstellungsdauer sollte sich bei einem Rohfleischgewicht von 3 kg über einen Zeitraum von etwa fünf Monaten, bei größeren Unterschalen bis zu sieben Monaten hinziehen. Der Gewichtsverlust liegt so bei etwa 35 Prozent vom Rohfleischgewicht.

Der Schinken kann in den letzten Monaten der Reifung „versiegelt" werden. Man nimmt dazu erwärmtes Schweineschmalz, fügt etwas gemahlenen Pfeffer hinzu (das verhindert die Schimmelbildung) und bestreicht die Fleisch-, nicht aber die Schwartenseite. Das verhindert die Trockenrandbildung oder dämmt sie zumindest ein. Ein richtig hergestellter „luftgetrockneter Schinken" ist ein Gaumenschmaus.

Pökeln und garen

Fleischwaren, die nur gepökelt werden, sind zum Genuss noch nicht tauglich. Sie durchlaufen deshalb einen Garprozess. Auf Wunsch können die Fleischwaren vorher zur Geschmacksabrundung noch heiß geräuchert werden.

Rippchen gegart

In der Fleischerei verwendet man dazu ganze Kotelettstränge, das heißt, der Hals wird nach der 8. Rippe abgetrennt und das Filet wird entfernt. Am Kotelettstück sollte ein sogenannter „Stiel" sein. Das ist der Ansatz vom Schweinebauch. Zudem ist idealerweise auf dem Kotelett ein leichter Specküberzug. Auf gar keinen Fall darf die Fleischhaut des Kotelettstücks verletzt sein.

In der Fleischerei werden die ganzen Kotelettstränge in den speziellen Formen gegart. Da passen drei Stränge auf einmal in die Form, wenn sie geschickt ineinander verzahnt werden. Bei der Hobbyherstellung werden in der Regel geringere Mengen hergestellt. Hierfür kann eine runde Kochschinkenform verwendet werden. Zuvor wird das Kotelettstück auf die passende Länge zurechtgeschnitten. Nach Möglichkeit sollte das Kotelettstück mit den Rippen verwendet werden.

Pökelmethode: Muskelspritzverfahren
Lakestärke: 10 Grad
Gartemperatur: 75 °C
Kerntemperatur: 68 bis 70 °C

Die Kotelettstücke gleichmäßig mit der Lake spritzen und in einem Pökelgefäß mit Lake derselben Stärke übergießen. Nach etwa drei Tagen die Rippchen in der Kochschinkenform garen, dabei die runde Fleischseite in die Wanne der Form legen. Die Knochenseite wird mit dem Deckel nach unten gedrückt. Die Rippchen können vor dem Garen leicht heiß angeräuchert werden. Nach völligem Erkalten die Rippchen mit dem Messer in etwa 2 cm dicke Scheiben schneiden. Den Knochen nun mit einem Fleischerbeil auf einem Hackklotz durchhacken.

Halsrippchen gegart

Wer besonders saftige und durchwachsene Rippchen liebt, der sollte die gegarten Rippchen aus einem Halsstück herstellen. Am unausgebeinten Hals wird der Knorpel vorsichtig ausgelöst. Auch hier wird die Länge der Kochschinkenform angepasst. Ist der Hals zu lang, wird zunächst an der Genickseite ein Stück von etwa 5 cm abgetrennt. Bei Bedarf wird der Rest an der Seite Richtung Kotelett weggenommen. Der Schweinehals ist dicker als ein Kotelettstück. So ist darauf zu achten, dass das Fleischteil in eine Kochschinkenform passt. Die weitere Verarbeitung erfolgt ebenso wie bei dem Rezept „Rippchen gegart".

Kasseler

Auch beim Kasseler erfolgt die Herstellung genauso wie bei den „Rippchen gegart". Hierbei werden die Kotelettstücke jedoch ausgebeint. Der Stiel wird ebenfalls abgetrennt. Somit sind Kasseler magerer als Rippchen. Für den Laien hat diese Zubereitung den Vorteil, dass nach der Herstellung auf Knochen keine Rücksicht genommen werden muss. Die Stärke der Fleischscheiben kann somit beliebig gewählt werden. Die Zubereitung von Kasseler ist für den Laien wesentlich einfacher als von gegarten Rippchen.

Kaiserfleisch

Beim Kaiserfleisch gehen in der Rezeptur die Meinungen auseinander. Es können Teile vom ausgebeinten Schweinerücken oder -hals verwendet werden. Schweinehals trocknet nicht so stark aus. Die Fleischteile werden analog wie bei „Rippchen gegart" eingesalzen.

Gartemperatur: etwa 100 bis 120 °C, ausschließlich im Heißrauch
Kerntemperatur: 70 bis 72 °C

Die Gardauer umfasst dabei durchaus 3 bis 4 Stunden. Wem dabei der Rauchgeschmack zu intensiv ist oder das Fleisch zu stark austrocknet, kann das Fleisch zunächst in einer Kochschinkenform bis etwa 30 °C Kerntemperatur vorgaren, dann eine Stunde im Heißrauch bei 100 bis 120 °C räuchern und anschließend im Backofen bis zur oben beschriebenen Kerntemperatur grillen. Das ist zwar sehr arbeitsaufwendig, aber der Geschmack ist dann hervorragend.

Hinterschinken gekocht

Ursprünglich wurde zur Herstellung von gekochtem Hinterschinken der Schweineschlegel sauber ausgebeint und abgeschwartet. Das Hüftstück und die Nuss wurden entfernt. Somit wurden lediglich Ober- und Unterschale verwendet. Der Haxenansatz war abgeflacht.

Leider wird heutzutage immer mehr auf diese Methode verzichtet. Dafür werden Schinkenabschnitte durch sogenanntes Poltern bearbeitet und durch Pressen „zusammengeklebt". Das ist wieder ein Grund dafür, den Schinken selbst herzustellen. Der Hobbyhersteller verwendet am besten nur die Unterschale und schneidet diese sauber zu.

Pökelung: Muskelspritzverfahren
Lakestärke: 10 Grad
Gartemperatur: etwa 75 °C
Kerntemperatur: 68 bis 70 °C

Das Fleischstück gleichmäßig spritzen. Danach in den Pökelbottich legen und mit Lake der gleichen Stärke übergießen. Nach 2 bis 3 Tagen ist der Schinken, wenn er richtig gespritzt wurde,

gut und gleichmäßig durchgezogen. Auf Wunsch wird er etwa eine Stunde heiß geräuchert. Das verbessert die Farbe und das Aroma. Nun wird er in speziellen Kochschinkenformen gegart. So bekommt er auf Wunsch eine runde oder eckige Form. Nach dem Garen den Schinken in der Form erkalten lassen.

Gewürzschinken gekocht mit Speckrand

Hierfür wird die Unterschale vom Schweineschlegel sauber zugeschnitten. Die Schwarte mit Speckrand bleibt dabei auf dem Fleischteil.

Pökelmethode: Muskelspritzverfahren
Lakestärke: 10 Grad
Gartemperatur: 75 °C
Kerntemperatur: 68 bis 70 °C

Zur Herstellung wird zunächst eine Gewürzlake hergestellt. Somit können alle denkbaren Kräuter verwendet werden, meistens angepasst an die Jahreszeit. Im zeitigen Frühjahr kann Bärlauch, in der Spargelzeit Spargel und so weiter verwendet werden. Es können auch Wacholder, Lorbeerblatt oder eine Mischung davon abgekocht werden. Mit diesem abgeseihten und erkalteten Sud werden die Fleischteile dann gespritzt, in den Pökelbottich gelegt und mit derselben Lake übergossen. Die weitere Vorgehensweise ist ebenso wie bei „Hinterschinken gekocht“.

Schweinebauch gepökelt und gegart

Den Schweinebauch wie bei „Schweinebauch geräuchert“ beschrieben zuschneiden.

Pökelmethode: Nasspökelung oder Muskelspritzverfahren
Lakestärke: 10 Grad
Pökeldauer: bei Nasspökelung etwa 10 Tage; bei Muskelspritzverfahren 2 bis 3 Tage
Gartemperatur: 80 bis 85 °C
Kerntemperatur: 72 bis 75 °C

Den Schweinebauch in den Pökelbottich legen und Lake darübergießen, bis die Fleischstücke vollständig bedeckt sind. Alternativ können die Fleischteile im

Muskelspritzverfahren gepökelt werden. Das verkürzt die Pökeldauer. Anschließend garen. Dem Wasser etwas Salz zugeben, damit das Fleisch nicht auslaugt. Der Bauch kann warm und kalt verzehrt werden.

Schweinebauch gepökelt und gegrillt

Pökelmethode: Nasspökelung oder Muskelspritzverfahren
Lakestärke: 5 Grad
Grillzeit: 80 bis 120 Minuten bei 180 °C
Kerntemperatur: 72 bis 75 °C
Pökeldauer: bei Nasspökelung etwa 10 Tage; bei Muskelspritzverfahren 2 bis 3 Tage

Das Fleischteil zunächst wie bei „Schweinbauch gepökelt und geräuchert" zuschneiden und pökeln. Anschließend abtropfen lassen und die Schwarte mit einem scharfen Messer in Abständen von 1 cm einschneiden. Dadurch lässt sich das Fleischstück nach dem Grillen besser in Scheiben schneiden, da die Schwarte durch das Grillen hart wird. Nun das Fleischstück leicht mit Grillgewürz (zum Beispiel Brathähnchengewürz) einreiben. Anschließend 10 bis 20 Stunden gekühlt aufbewahren. Danach im Backofen bei 180 °C in einem hohen Backblech grillen. In das Blech kommt etwas Wasser, damit das Fleisch nicht anbrennt und nicht austrocknet. Während des Grillvorgangs mehrmals wenden. Die letzte halbe Stunde mehrmals etwas Bier über den Schweinebauch gießen. Dadurch wird das Aroma verbessert und die Farbe intensiver. Auch dieser Schweinebauch kann kalt oder warm gegessen werden. Aus der Brühe lässt sich eine schmackhafte Soße zubereiten.

Schweinebauch heiß geräuchert

Das Fleisch wie bei „Schweinbauch gepökelt und gegrillt" beschrieben vorbereiten. Anschließend wird der Bauch wie beim Rezept „Kaiserfleisch" beschrieben im Heißrauch gegart.

Schweinekamm gepökelt und gegart

Hierzu muss der Schweinehals ausgebeint und von Knorpeln befreit sein.

Pökelmethode: Muskelspritzverfahren
Lakestärke: 10 Grad
Gartemperatur: 90 bis 95 °C
Kerntemperatur: 72 bis 75 °C

Den Hals sorgfältig spritzen und in einem Pökelgefäß mit derselben Lake übergießen. Nach 2 bis 3 Tagen die Fleischteile garen. Dem Wasser auch hier beim Garen etwas Salz zugeben. Dieser Schweinekamm kann sehr gut warm, aber auch kalt als Aufschnitt verzehrt werden.

Der Schweinekamm kann auch im Sauerkraut gekocht werden. Dabei empfiehlt es sich aber, ihn vorher schon im Wasser vorzugaren und erst zum Schluss im Kraut zu garen, da das Kraut sonst verkocht.

Schweinekamm gepökelt und gegrillt

Pökelmethode: Muskelspritzverfahren
Lakestärke: 6 Grad
Pökeldauer: 2 bis 3 Tage
Grillzeit und -temperatur: 2 bis 3 Stunden bei 180 °C
Kerntemperatur: 70 bis 72 °C

Den Schweinehals zunächst wie bei „Schweinekamm gepökelt und gegart" behandeln. Dann mit Grillgewürz oder Salz-Kräuter-Mischung leicht einreiben und einen Tag gekühlt durchziehen lassen. Anschließend in einem hohen Backblech grillen. Das Blech wird leicht mit Wasser gefüllt, damit das Fleisch nicht anbrennt. Den Schweinhals mehrmals wenden, damit er eine schöne Farbe bekommt. Die letzte halbe Stunde mit einer Mischung aus Bier und Senf bepinseln. Das gibt einen hervorragenden Geschmack. Da der Schweinehals länger gegrillt wird als Schweinebauch, muss er unter Umständen zu Beginn in Alufolie gepackt werden, damit er nicht verbrennt.

Putenkeule heißgeräuchert (und gegart)

Werden mehrere Keulen verwendet, sollten sie etwa die gleiche Größe haben. Man kann sie vor dem Salzen ausbeinen oder als ganze Stücke bearbeiten. Wenn sich die Keulen beim Räuchern oder Garen nicht verformen sollen, dürfen die Knochen erst vor dem Verzehr entfernt werden.

Pökelmethode: Muskelspritzverfahren
Lakestärke: 10 Grad

Es empfiehlt sich, eine Kräuterlake herzustellen. Der Lake werden Pfeffer, etwas Knoblauch, Petersilie, Rosmarin und etwas Rotwein zugegeben. Die Fleischteile damit spritzen und in derselben Lake zwei Tage durchziehen lassen.
Es gibt nun zwei Methoden des Garens: Die Keulen können im Heißrauch durchgegart werden. Dabei sollten eher kleinere Keulen verwendet werden. Die Räuchertemperatur muss bei mindestens 100 bis 120 °C und die Kerntemperatur bei etwa 72 °C liegen.

Die Keulen können aber auch im Heißrauch nur leicht angeräuchert und anschließend bei etwa 75 °C und einer Kerntemperatur von 72 bis 75 °C gegart werden. Dem Wasser sollte beim Garen etwas von der oben hergestellten Lake zugegeben werden, damit die Fleischteile nicht auslaugen. Das sollte bereits bei der Lakeherstellung berücksichtigt werden, denn es darf keine „gebrauchte" Lake verwendet werden.

Da es sich um Geflügelfleisch handelt, sollte sich die Herstellung wegen Salmonellengefahr ausschließlich auf die Wintermonate beschränken und die Arbeitsweise sehr sorgfältig sein. Zudem ist es sehr wichtig, die höhere Kerntemperatur beim Räuchern beziehungsweise Garen einzuhalten.

Sonstige Fleischrezepte

Hierbei handelt sich um Fleischwaren, die ohne größeren Arbeitsaufwand und mit einfachen Hilfsmitteln in jeder Küche hergestellt werden können. So hat jeder Hobbykoch die Möglichkeit, die Produktpalette in seinem Kochbuch zu erweitern.

Eisbein in Aspik

In der Regel verwendet man hierfür hintere Schweinshaxen. Diese werden zunächst gründlich nachrasiert und ausgebeint. Dann werden die Knorpel und Flechsen herausgeschnitten.

Lakestärke: 10 Grad

Herstellung der Fleischbrühe
Die einfachste Methode ist die Herstellung mit Aspikpulver. Dem kochenden Wasser werden 40 bis 50 g Aspikpulver unter kräftigem Einrühren zugegeben, dann lässt man diese Brühe erkalten, bis sie lauwarm ist.

Die aufwendigere, aber in jedem Fall bessere Methode ist das Herstellen einer Fleischbrühe. Hierfür verwendet man in der Regel Schweineknochen und zerkleinert diese. Es sollten unbedingt Spitzbeine (untere Schweinefüße) mitverwendet werden, denn sie gelieren sehr gut. Diese Knochen werden dicht in einen Topf gesetzt. Dann wird mit Wasser so weit aufgefüllt, dass die Knochen gerade noch bedeckt sind. Anschließend werden sie gekocht, bis sich das Fleisch gut von den Knochen löst. Möglicherweise muss man während des Kochens etwas Wasser nachschütten, aber auf keinen Fall zu viel, da sonst das Aspik nicht geliert. Sind die Knochen gar, werden sie aus der Fleischbrühe genommen. Man gießt die Brühe im Anschluss daran noch durch ein Haarsieb, dann wird sie zum Auskühlen weggestellt.

Es ist wichtig, dass diese Fleischbrühe rasch auskühlt, damit sie nicht sauer wird. Es ist von Vorteil, wenn hierfür ein weites Gefäß verwendet wird. In einer Aluminium- oder Edelstahlschüssel kühlt die Brühe schneller ab als in einem Plastikgefäß. Das Gefäß darf auf keinen Fall zugedeckt werden. Auf der Fleischbrühe bildet sich ein Fettdeckel, der nach dem Abkühlen abgezogen wird.

Herstellung der Konserven
Zunächst das Eisbein mit der hergestellten Lake spritzen und in derselben Lake zwei Tage durchziehen lassen. Anschließend in einem Seiher gut abtropfen lassen. Man versucht nun nach Möglich-

keit, ein ganzes Eisbein in die Dose zu stecken. Will man viel Aspik am Fleisch, lässt man in der Dose größere Hohlräume. Da die erkaltete Fleischbrühe sulzig ist, wird sie leicht erwärmt. Sollte die Fleischbrühe nicht sulzig geworden sein, kann auch hier mit Aspikpulver nachgeholfen werden. Dazu Fleischbrühe fast aufkochen (bis etwa 90 °C) und etwa 20 bis 30 g Aspikpulver pro Liter Fleischbrühe einrühren, bis es sich vollständig aufgelöst hat. Nun die Hohlräume mit der Brühe auffüllen. Hierbei mit einem Rührlöffel an der Seite des Glases oder der Dose bis auf den Boden einstechen, damit die Luft entweichen kann. Falls erforderlich, nochmals Fleischbrühe nachgießen. Dann werden die Konserven, wie oben beschrieben, eingekocht.

Vesperfleisch

Hierzu können sämtliche Schweinefleischabschnitte verwendet werden. Die Schwarte kann dabei durchaus am Fleisch verbleiben. Soll das Vesperfleisch eher fett sein, verwendet man mehr Teile vom Bauch oder Hals. Für die magere Variante wählt man Teile von Kotelett, Schulter oder Schlegel. Es eignen sich ebenso Fleischteile von Schafen, Ziegen, Kaninchen und Geflügel. Diese Tiere sollten aber nicht zu alt sein.

Zutaten je kg Fleisch
8 g Kochsalz
7 g Nitritpökelsalz
2 g weißer Pfeffer gemahlen
0,5 g gekörnte Brühe

Die Fleischteile in etwa 3 cm große Würfel schneiden. Die Zutaten in einer Schüssel gut vermischen und sorgfältig unter die Fleischteile mengen. Einen Tag gekühlt aufbewahren, damit sie durchbrennen können. Anschließend werden sie in Dosen oder Gläser gefüllt und mit Aspik aufgefüllt. Die weitere Verarbeitung ist dieselbe wie bei „Eisbein in Aspik“.

Eisbein gepökelt und gegart

Hier können sowohl hintere als auch vordere Eisbeine verwendet werden. Werden nur wenige Eisbeine hergestellt, empfiehlt es sich aus Zeit- und Energiegründen, sie in Scheiben von 4 bis 5 cm Dicke zu sägen oder zu hacken.

Pökelmethode: Spritz- oder Nasspökelung
Lakestärke: 9 bis 10 Grad
Pökeldauer: bei Spritzpökelung 2 bis 3 Tage; bei Nasspökelung, je nach Stärke, 7 bis 20 Tage
Gartemperatur: 90 bis 95 °C
Kerntemperatur: 72 bis 75 °C

Nach dem Pökelvorgang werden die Eisbeine gegart. Dicke Eisbeine sollten unbedingt nach Kerntemperatur gegart werden.

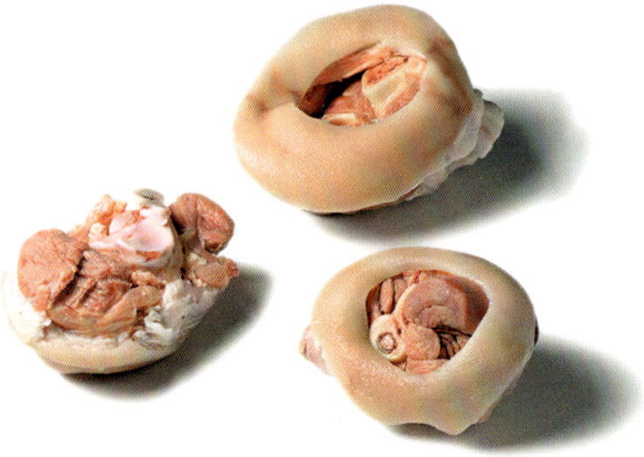

Eisbein gepökelt und gegart

Eisbein gepökelt und gegrillt

Eisbein gepökelt und gegrillt

Die Fleischteile werden wie bei „Eisbein gepökelt und gegart" hergerichtet.

Pökelmethode: Schnell- oder Nasspökelung
Lakestärke: 5 Grad
Pökeldauer: bei Spritzpökelung 2 bis 3 Tage; bei Nasspökelung 7 bis 20 Tage
Grillzeit und -temperatur: etwa 45 bis 150 Minuten bei 150 bis 180 °C
Kerntemperatur: 72 bis 75 °C

Nach dem Pökelvorgang die Fleischteile mit Grillgewürz einreiben und gekühlt 12 bis 24 Stunden durchziehen lassen. Nun wie bei „Knöchle gepökelt und gegrillt" grillen beziehungsweise in der Backröhre backen. Ganze Haxen können ebenso auf dem Spieß gegrillt werden. Man beachte aber die Grilldauer. Unter Umständen müssen sie einen Teil der Grillzeit in Alufolie eingewickelt werden, damit sie nicht verbrennen. Während des Grillvorgangs können die Haxen mit Bier übergossen werden. Das gibt eine schöne Farbe und einen guten Geschmack.

Knöchle gepökelt und gegart

Hierfür sind sämtliche Knochen geeignet. Werden Knochen von der Hausschlachtung verwendet, sollten sie beim Zerlegen nicht zu sauber vom Fleisch befreit werden, sonst lohnt sich die Herstellung dieser „Knöchle" nicht. Umgekehrt sollte natürlich das Fleisch beim Zerlegen nicht zu sehr „verletzt" werden. Die Knochen werden vor dem Einsalzen zerkleinert. Das geschieht am besten mit der Säge. Sie können auch zerhackt werden. Hierbei entstehen aber mehr Knochensplitter, was beim Verzehren äußerst unangenehm sein kann.

Pökelmethode: Nasspökelung
Lakestärke: 8 Grad
Pökeldauer: 3 bis 5 Tage
Garzeit: 30 bis 60 Minuten

Nach dem Pökeln werden die Knöchle gegart. Sie können warm oder kalt verzehrt werden. Sie lassen sich ebenso im Kraut garen.

Die Knöchle werden am besten frisch serviert.

Schälrippchen

Für Schälrippchen werden die Rippchen am Stück vom Schweinebauch abgelöst. Das kann bei den sogenannten „Kutterbäuchen“ geschehen. Das sind die fetten Bäuche, die zur Wurstherstellung verwendet werden. Man kann aber auch Bäuche „abschälen“, die hinterher eingesalzen beziehungsweise geräuchert werden.

Der Schweinebauch hat eine fette Seite (Kotelettseite). Man kann deshalb am Bauch auch diesen fetten Streifen (etwa 10 cm) absägen und abschälen. Dieser fette Bauchstreifen kann für die Wurst verwendet werden.

Schälrippchen bezeichnet man in manchen Regionen auch als „Leiterchen“. Die weitere Bearbeitung und Verwendung erfolgt ebenso wie bei „Knöchle gepökelt und gegart“ beschrieben.

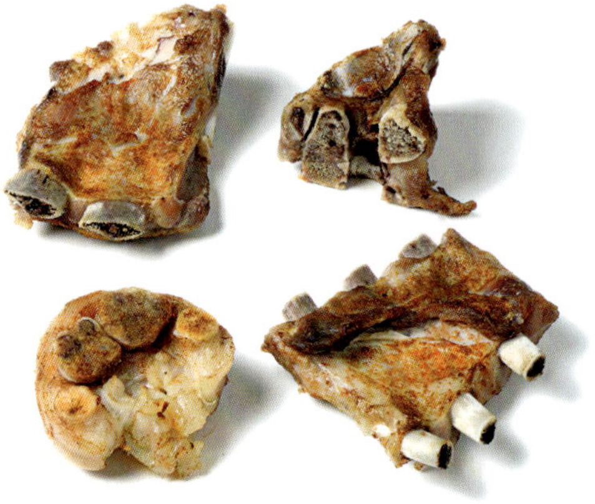

Knöchle gepökelt und gegrillt

Man verwendet die gleichen Knochen wie bei „Knöchle gepökelt und gegart".

Pökelmethode: Nasspökelung
Lakestärke: 3 bis 4 Grad
Pökeldauer: 3 bis 5 Tage
Grillzeit und -temperatur: 30 bis 90 Minuten bei 150 °C

Nach dem Pökeln werden die Knöchle vorsichtig mit Grillgewürz eingerieben und in einem Backblech im Backofen gegart. Man sollte etwas Wasser ins Blech gießen, damit sie nicht anbrennen. Ebenso können diese Knöchle, am besten auf dem Holzkohlegrill, gegrillt werden. Sie sollten zu Beginn in Alufolie gepackt werden, damit sie nicht anbrennen.

Schäufele (Schulterblatt)

Beim „Schäufele" handelt es sich um eine Pfälzer oder auch süddeutsche Spezialität. Beim Zerlegen der Schweineschulter wird im Schultergelenk die Schaufel abgestochen und rings um das Schulterblatt herausgeschnitten. Der Blattdeckel bleibt ebenfalls auf dem Knochen. Die Schwarte kann vorher abgezogen werden oder auf dem Fleischstück bleiben.

Pökelmethode: Spritz- oder Nasspökelung
Lakestärke: 9 bis 10 Grad
Pökeldauer: bei Spritzpökelung 1 Tag; bei Nasspökelung etwa 7 Tage
Garzeit und -temperatur: etwa 90 bis 120 Minuten bei 90 °C
Kerntemperatur: etwa 72 bis 75 °C

Schäufele können ebenfalls gegrillt werden (siehe „Knöchle gepökelt und gegrillt"). Meist werden sie mit Blaukraut und Knödel serviert.

Schweinezunge gepökelt und gegart

Die Schweinezunge wird möglichst rasch nach der Schlachtung weiterverarbeitet. Es ist von Vorteil, die Zunge zunächst zu enthäuten. Dazu wird sie in etwa 70 °C heißem Wasser gebrüht, bis sich die Hautschicht löst. Diese wird dann mit dem Messerrücken abgekratzt. Der Brühvorgang muss unter Umständen wiederholt werden, bis die Haut komplett entfernt ist. Beim Abkratzen sollte man möglichst darauf achten, dass die Zunge nicht zu sehr verletzt wird.

Einfacher ist es, Zunge bereits abgehäutet zu kaufen. Im Schlachthof geschieht dieser Vorgang maschinell. Der Abhäutevorgang nach dem Garen ist wesentlich komplizierter. Dann wird die Zunge in kaltem Wasser etwa 30 bis 60 Minuten gewässert.

Pökelmethode: Ader- oder Muskelspritzverfahren, Nasspökelung
Lakestärke: 10 Grad
Pökeldauer: bei Ader- oder Muskelspritzverfahren 2 Tage; bei Nasspökelung etwa 1 Woche
Garzeit und -temperatur: 50 bis 80 Minuten bei 85 bis 90 °C
Kerntemperatur: 75 °C

Beim Aderspritzverfahren wird bei der Zunge in die Adern gespritzt, beim Muskelspritzverfahren wird entsprechend sorgfältig gespritzt, damit ein gleichmäßiges Durchpökeln gewährleistet ist. Die Zunge dann in den Pökelbottich legen und mit derselben Lake übergießen. Das gilt auch für die Nasspökelung.

Schweinezungen können unterschiedlich verzehrt werden. Vielfach werden sie für Zungenwurst weiterverarbeitet. Sie eignen sich auch hervorragend zu Saueressen oder einfach zum Vespern. Für die Zungenwurst werden sie in der Regel mit Nitritpökelsalz, für die andere Verwendung mit Kochsalz eingesalzen. Gegart wird in einem Topf. Für die Wurstproduktion wird nicht zu weich gegart, da sonst der Gewichtsverlust zu groß ist.

In jedem Fall muss darauf geachtet werden, dass die Unterzungendrüsen vollständig entfernt werden. Bei Zungen für die Wurstherstellung sollte zudem sämtliches anhaftendes Muskelfleisch abgetrennt werden.

Rinderzunge gepökelt, geräuchert und gegart

Die Rinderzunge wird vor dem Salzen 30 bis 60 Minuten in kaltem Wasser gewässert. Anschließend werden sämtliche Drüsen sorgfältig entfernt.

Pökelmethode: Ader- oder Muskelspritzverfahren
Lakestärke: 10 Grad
Pökeldauer: 4 bis 5 Tage
Garzeit und -temperatur: 180 bis 240 Minuten bei 90 bis 94 °C
Kerntemperatur: 75 °C

Das Pökeln erfolgt genauso wie bei der Schweinezunge. Daran anschließend wird etwa 12 bis 24 Stunden kalt geräuchert. Dann wird die Rinderzunge gegart, bis sich die Haut löst. Das kann durchaus mehr als vier Stunden dauern. Der Abhäuteprozess findet hier in jedem Fall nach dem Garen statt. Die weitere Verarbeitung erfolgt ebenso wie bei „Schweinezunge gepökelt und gegart".

Brustspitze gepökelt und gegart

An den Schweinehälften wird zunächst der Bug abgetrennt. Anschließend wird der Bauch von der Hals-Kotelett-Partie abgesägt. Nun wird am Bauch die Spitze bis zur 6. Rippe quer abgetrennt, wobei durchaus variiert werden kann. Das gilt auch für die Beschaffenheit der Brustspitzen. Die Schwartenschicht und die anhaftende Fettschicht können abgetrennt werden. Viele mögen aber einfach die Brustspitze „wie gewachsen". Sehr wichtig ist in jedem Fall, die blutigen Reste an der Spitze sauber zu entfernen.

Pökelmethode: Nasspökelung
Lakestärke: 9 Grad
Pökeldauer: etwa 5 bis 8 Tage
Garzeit und -temperatur: etwa 60 bis 80 Minuten bei 90 °C

Die Brustspitzen relativ lose in den Pökelbehälter stapeln und die Lake darübergießen. Danach in einem Topf garen. Sie können warm oder kalt verzehrt werden. Eine besondere Delikatesse ist der Verzehr zusammen mit Sauerkraut (vor allem im Rhein-Main-Gebiet). Hierfür werden sie zunächst im Wasser nicht zu weich gegart. Das restliche Garen erfolgt im Kraut. Die Brustspitzen können vor dem Garen auch 6 bis 12 Stunden kalt geräuchert werden.

Schweinebauch geräuchert und gegart

Es handelt sich dabei eher um eine süddeutsche Spezialität. Man verwendet dazu geräucherten Schweinebauch.

Garzeit: 90 bis 120 Minuten
Gartemperatur: 90 °C
Kerntemperatur: 72 bis 75 °C

Dem Wasser beim Garen Lauch, Karotte, Zwiebel und Sellerie hinzufügen. Der geräucherte und gegarte Schweinebauch eignet sich sehr gut zum Warm- und Kaltverzehr. Als es früher außer Salzen und Räuchern keine Konserviermethoden gab, wurde dieses „gekochte Rauchfleisch" sehr häufig zum Mittagessen mit Beilagen wie Sauerkraut und Kartoffelsalat serviert.

Schweinemaske gepökelt und gegart

Hierfür werden zunächst die Schweinskopfhälften ausgebeint. Das geschieht am besten an dem noch schlachtwarmen Kopf. Diese sogenannten Masken werden nun gründlich mit einem scharfen Messer nachrasiert. Die Arbeit wird durch den Einsatz einer Gasflamme erleichtert. Die so gereinigten Masken werden nun gründlich durchgewaschen und für etwa eine Stunde gewässert. Dann werden die Knorpelreste am Ohr und an der Schnauze gründlich entfernt. Dasselbe gilt für die Flechsen im Rüsselbereich.

Pökelmethode: Muskelspritzverfahren oder Nasspökelung
Lakestärke: 10 Grad
Pökeldauer: bei Muskelspritzverfahren etwa 2 Tage; bei Nasspökelung etwa 5 bis 6 Tage
Garzeit: etwa 60 Minuten
Gartemperatur: 90 °C

Beim Muskelspritzverfahren werden lediglich der Rüssel und das „Kinnbäckchen" gespritzt. Die Masken kommen in den Pökelbottich und werden mit der Lake übergossen. Anschließend werden sie gegart. Meist werden die Masken zur Herstellung von Kochwurst verwendet. Sie können ebenso warm oder kalt als Kesselfleisch verzehrt werden.

Eine weitere Delikatesse ist die Herstellung zu Salat (analog Ochsenmaulsalat). Dazu lässt man die gegarten Masken völlig erkalten und schneidet sie in Streifen. Das Ganze wird mit Essig, Öl, Zwiebeln und Gewürzen angerichtet.

Gepökeltes Kleinfleisch (Fleischteile, Schwänzle, Ohren)

Beim gepökelten Kleinfleisch handelt es sich oft um Spezialitäten, die nicht jedermanns Sache sind. Bevorzugt werden Spitzbeine, Ohren und Schwänzle eingesalzen. Es können aber auch andere Abschnitte, die beim Zerlegen eines Schweins anfallen, verwendet werden. Bei den Schwänzle sollte die Schwanzfeder mit dabei bleiben. Wichtig ist, dass die Ohren, Schwänzle und Spitzbeine sauber abrasiert sind. Sollte dies beim Schlachten noch nicht geschehen sein, muss das vor dem Einsalzen nachgeholt werden. Bei den Ohren muss die Ohrmuschel sauber herausgeschnitten werden.

Pökelmethode: Nasspökelung
Lakestärke: 8 Grad
Pökeldauer: 2 bis 7 Tage
Garzeit: 30 bis 60 Minuten
Gartemperatur: 90 °C

Die Fleischteile kommen in ein Pökelgefäß. Die Lake wird darüber gegossen, sodass sämtliche Fleischteile mit Lake bedeckt sind. Nach Vollendung des Pökelvorgangs werden die Fleischteile gegart. Sie können ebenso im Kraut gekocht werden.

Gepökelte Fleischrippchen (Spareribs)

Bei den zu verwendenden Fleischteilen gehen die Meinungen auseinander. Eines steht fest: Es handelt sich um Schweinebauch mit Rippen oder Teile davon. Man kann relativ dünnen Schweinebauch verwenden, der nicht zu fett ist. Hiervon werden Abschnitte von etwa 10 cm Breite abgetrennt. Man schneidet hierbei zwischen den Rippen. Der Knorpel wird durchgehackt oder durchgesägt.

Alternativ kann auch dicker, magerer Bauch verwendet werden. Man schneidet dann nach jeder Rippe durch und erhält so eine Fleischscheibe mit Knochen. Diese Scheiben sind zum Grillen besser geeignet, da sie schneller gar sind. Es können ebenso Schälrippchen verwendet werden, die glatt am Knochen abgetrennt werden. Zudem kann auf den Schälrippchen eine mehr oder weniger dicke Fleischschicht verbleiben. Die Fleischteile werden in jedem Fall mariniert. Werden ganze Teile vom Schweinebauch verwendet (vor allem dickere), kann ebenso mit einer 5-gradigen Lake gespritzt werden, damit die Fleischteile auch innen durchgezogen sind.

Zutaten für die Marinade (für etwa 2 kg Fleisch)

100 ml Öl
40 g Ketchup
50 ml Sojasoße
15 g Salz (10 g bei vorheriger Spritzung mit Lake)
1,5 g weißer Pfeffer gemahlen
2 g Paprika edelsüß
1 g Rosmarin
2 Zehen Knoblauch

Aus den Zutaten die Marinade herstellen. Dabei den Knoblauch und den Rosmarin feinhacken. Nun die Fleischteile mit der Marinade kräftig einpinseln und in eine Schüssel stapeln. Die übrige Marinade darübergießen. Das Ganze gekühlt einen Tag durchziehen lassen. Idealerweise werden Spareribs auf einem Holzkohlegrill gegrillt. Sie können aber ebenso in einem Backblech gegart werden. Nach Geschmack können die Spareribs während des Grill- oder Garvorgangs mehrmals mit Honig eingepinselt werden. Die Gar- und Grilldauer richtet sich nach der Größe und Stärke der Fleischteile. Werden dicke Fleischteile gegrillt, müssen diese zunächst in Alufolie eingewickelt werden. Erst zum Schluss werden sie ohne Folie gegrillt, damit sie eine schöne Farbe bekommen und knusprig werden. Ohne Folie werden die Fleischteile schwarz und sind in der Mitte noch roh.

Service

Kleines Lexikon der Salzerei und Räucherei

Atmen: Stetiger Feuchtigkeitsaustritt bei der Reifung von rohem Schinken.

DFD: Dark, firm, dry – dunkel, fest, trocken.

Durchbrennen: Prozess, der im Anschluss ans Salzen beim Schinken stattfindet. Dadurch wird der Reife- und Umrötevorgang begünstigt und fortgesetzt.

Eigenlake: Lake, die sich bei der Trockenpökelung von Rohschinken bildet.

Fertiggewürz: Fertige, auf ein Endprodukt abgestimmte Mischung zum Würzen.

Fleischnaht: Natürliche Abtrennung der Fleischteile.

Garen: Kochen von Fleisch in Wasser.

Geschmacksverstärker: Hilfsstoff zur Verfeinerung des Geschmacks bei der Schinkenherstellung.

Gewürzlake: Lake, der Gewürze und/oder Kräuter zugegeben werden.

Grad: Maßeinheit zum Feststellen der Lakestärke, richtig bezeichnet als Baumé-Grad.

Hartholz: Eiche, Buche, Esche, Ahorn; Hölzer, deren Sägespäne zum Räuchern verwendet werden.

Heißrauch: Rauch mit Hartholz im Bereich von 60 bis 80 °C.

Hygrometer: Messgerät zum Feststellen der Luftfeuchtigkeit.

Kälterand: Grauer Rand, der bei Rohschinken durch zu niedrige Temperaturen entsteht.

Kaltrauch: Räucherverfahren mit Sägemehl im Bereich von etwa 18 bis 24 °C.

Kerntemperatur: Temperatur im Innern des Schinkens oder Fleischteils, Anhaltspunkt beim Garen.

Klima: Temperatur, Luftfeuchtigkeit und Luftbewegung.

Klimareifung: Reifeverfahren bei Rohpökelwaren in künstlichem Klima (z. B. in der Reifekammer).

Kochpökelwaren: Fleischwaren gepökelt und gegart.

Kochschinken: Schinken gepökelt und gegart.

KT: Abkürzung für Kerntemperatur.

Lake: Salz in Wasser gelöst.

Lake-Fleisch-Verhältnis: Verhältnis Lakemenge zu Fleischmenge.

Lakemesser: Gerät zum Feststellen der Salzkonzentration in der Lake.

Lakespritze: Gerät zum Einspritzen von Lake in die Fleischteile.

Luftklappe: Klappe, mit der durch Öffnen oder Schließen der Luftstrom am Räucher- oder Reifeschrank reguliert werden kann.

Nadelholz: Fichte, Tanne, Kiefer, Lärche; Hölzer, deren Sägespäne zum Räuchern verwendet werden.

Nasspökelung: Einlegen von Fleisch in Lake.

Nitritpökelsalz: Kochsalz unter Beimischung von etwa 0,5 Prozent Natriumnitrit.

NPS: Abkürzung für Nitritpökelsalz.

pH-Wert: Bezeichnung für den Säurezustand; beim Fleisch etwa pH 5 bis 7.

Pökeln: Einsalzen mit Nitritpökelsalz.

PSE: Pale, soft, exudative – blass, weich, wässrig.

Reifen: Umröten und trocknen von Rohpökelwaren.

Rohrknochen: Oberarm- beziehungsweise Oberschenkelknochen.

Rötemittel: Auch Umrötehilfsmittel genannt (meist Ascorbinsäure) beschleunigen und stabilisieren die Umrötung.

Salzen: Einsalzen mit Kochsalz.

Schaufel: Bezeichnung für Schulterblatt.

Schnellpökelung: Beschleunigtes Pökelverfahren durch Einspritzen der Lake in das Fleisch.

Schlossknochen: Bezeichnung für Hüftknochen.

Schwitzrauch: Rauch mit hoher Luftfeuchtigkeit.

Starterkulturen: Bakterien zur Verbesserung der Fleischreifung.

Stufengaren: Garverfahren, bei dem die Gartemperatur stufenweise erhöht wird.

Trockenpökelung: Einsalzen von Fleisch ausschließlich mit Salz (und Gewürzen).

Trockenrand: Ausgetrockneter Rand bei Rohpökelwaren durch zu trockene Luft.

Umröten: Chemischer Prozess, bei dem das Fleisch durch die Pökelstoffe die typische rote Farbe bekommt.

Wässern: Prozess nach dem Durchbrennvorgang, um bei Rohpökelwaren die Salzschärfe zu lindern beziehungsweise im Fleischteil auszugleichen.

Warmrauch: Rauchverfahren im Bereich von etwa 30 bis 50 °C; wird bei der Schinkenherstellung eher nicht angewendet.

Zusatzstoffe: Mittel zur Vereinfachung, Verbesserung und Sicherung der Fleischwarenherstellung.

Literaturverzeichnis

Bellersen Quinini, Cosima: Einfach Wurst! Verlag Eugen Ulmer 2012.

Binder, Egon: Räuchern – Fleisch, Wurst, Fisch. Verlag Eugen Ulmer 2016.

Gahm, Bernhard: Hausschlachten. Verlag Eugen Ulmer 2015.

Gahm, Bernhard: Würste, Sülzen und Pasteten. Verlag Eugen Ulmer 2019.

Koch, H. und Fuchs, M.: Die Fabrikation feiner Fleisch- und Wurstwaren. Deutscher Fachverlag 2013.

Bildquellen

Alle Bilder des Innenteils mit Ausnahme der folgenden stammen von Fridhelm Volk:
StockFood /Eising Studio – Food Photo & Video: Titelbild.
Klewitz-Seemann, Silke: 25 (2).
Loeper, Ulrich: 43 (2), 45, 73 (3), 76.
mauritius images /United Archives: S. 75.

Die Zeichnungen fertigte Siegfried Lokau.

Bezugsquellen

Die meisten Lieferanten für Fleischereibedarf haben keinen Detailversand und liefern nur an Fachbetriebe und in großen Gebinden. Anders ist es beim Einkauf am Ort. Im Ladengeschäft sind bei vielen Händlern von Fleischereibedarf auch kleinere Mengen erhältlich. Es empfiehlt sich aber, vor einer Fahrt dorthin telefonisch nachzufragen, in welchen Mindestmengen die benötigten Artikel abgegeben werden. Die Adressen sind in den gelben Seiten des örtlichen Telefonbuchs unter Fleischerei- oder Metzgereibedarf zu entnehmen. Für Spezialgeräte wie Räucherschränke besteht meistens die Möglichkeit, Geräte direkt ab Werk zu kaufen.
Ebenso bietet natürlich heutzutage das Internet Möglichkeiten zum Erwerb der Artikel, vor allem auch von gebrauchten Geräten wie zum Beispiel Räucherschränke.

Schinkenformen
Adelmann GmbH
www.adelmann.net
info@adelmann.net

HÖCKER GmbH
www.hoecker.de
hoecker@hoecker.de

Messer, Schärfwerkzeuge und -maschinen
Friedr. DICK GmbH & Co. KG
www.dick.de
mail@dick.de

Dieter Schmidt Werkzeuge GmbH
www.feinewerkzeuge.de
verkauf@feinewerkzeuge.de

Räucherschränke, Schlachtkessel
Karl-Heinz Häussler GmbH
www.haeussler-gmbh.de
info@backdorf.de

Gebr. Schmidt Landtechnik Werksvertretung GbR
www.schmidtermstedt.com
shop@schmidt-ermstedt.de

Räucherbedarf
AGK Kronawitter GmbH
www.agk-kronawitter.de
kronawitter@agk-kronawitter.de

Räucherteufel
www.raeucherteufel.de
info@raeucherteufel.de

Fleischereibedarf, Gewürze, Maschinen
Birgit Högl-Späth
Sammlung 54
info@gewuerze-hausschlachterbedarf.de
www.gewuerze-hausschlachterbedarf.de

Salm KG
www.salm-karlsruhe.de
info@salm-karlsruhe.de

Fleischereibedarf und Gastrotechnik
Schneider e. Kfm.
www.fleischereibedarf-gastrotechnik.de
info@fleischereibedarf-gastrotechnik.de

Josef Schwan GmbH
www.schwan-online.de
info@schwan-online.de

Die Firmen **Dick, Häussler, Adelmann** und **Salm** haben freundlicherweise Geräte für die Fotoproduktion zur Verfügung gestellt.

Direktvermarktung

Die in diesem Buch vorgestellten Rezepte werden sicherlich auch von vielen Fleischereien oder Direktvermarktern umgesetzt. Bei diesen gewerblichen Produzenten greifen natürlich auch sämtliche Gesetze und Verordnungen, die mit dem „Inverkehrbringen“ dieser Produkte in Verbindung stehen. Alle diese Bestimmungen hier noch aufzuführen, würde aber den Rahmen dieses Buches, das ausschließlich ein Fachbuch für das Salzen, Pökeln und Räuchern mit einer großen Auswahl an Rezepten darstellen soll, sprengen.

Wer sich darüber genauer informieren möchte, findet in meinem Buch „Hausschlachten“ eine ausführliche Beschreibung der Gesetze und Verordnungen, die allerdings auch ständigen Veränderungen unterliegen. Somit sollte sich jeder, der sich für die Direktvermarktung interessiert, bei den entsprechenden Behörden aktuell informieren.

Für den Bereich Direktvermarktung bietet zum Beispiel das Regierungspräsidium Stuttgart Merkblätter an, die stetig aktualisiert werden und unter www.direktvermarktung.landwirtschaft-bw.de im Internet abgerufen werden.

Verbände und Branchenvereinigungen wurden zudem vom Gesetzgeber aufgefordert, der Praxis sachverständig zu helfen. Außerdem wird den betroffenen Betrieben empfohlen, mit den zuständigen Lebensmittelüberwachungsbehörden der Landratsämter und Stadtverwaltungen die Einzelheiten zu besprechen.

Register

Die in diesem Buch enthaltenen Empfehlungen und Angaben sind vom Autor mit größter Sorgfalt zusammengestellt und geprüft worden. Eine Garantie für die Richtigkeit der Angaben kann aber nicht gegeben werden. Autor und Verlag übernehmen keine Haftung für Schäden und Unfälle. Bitte setzen Sie bei der Anwendung der in diesem Buch enthaltenen Empfehlungen Ihr persönliches Urteilsvermögen ein. Der Verlag Eugen Ulmer ist nicht verantwortlich für die Inhalte der im Buch genannten Websites.

Bibliografische Information der Deutschen Nationalbibliothek
Die Deutsche Nationalbibliothek verzeichnet diese Publikation in der Deutschen Nationalbibliografie; detaillierte bibliografische Daten sind im Internet über http://dnb.d-nb.de abrufbar.

Wollgrasweg 41, 70599 Stuttgart (Hohenheim)
E-Mail: info@ulmer.de
Internet: www.ulmer.de
Lektorat: Dr. Gabriele Lehari, Christine Schneider
Herstellung: Silke Reuter und Verlag Eugen Ulmer
Satz: pagina GmbH (Tübingen) und Verlag Eugen Ulmer
Reproduktion: timeray visualisierungen, Herrenberg
Druck und Bindung: Friedrich Pustet, Regensburg
Printed in Germany

MIX
Papier aus verantwortungsvollen Quellen
FSC www.fsc.org FSC® C014889

ISBN 978-3-8186-1132-3